Roland Düringer
Eugen Maria Schulak
Rahim Taghizadegan

# ÜBER DIE ERZIEHUNG

Roland Düringer
Eugen Maria Schulak
Rahim Taghizadegan

# ÜBER DIE ERZIEHUNG

Illustriert von
Thomas Wizany

ecoWIN

Roland Düringer/Eugen Maria Schulak/Rahim Taghizadegan
Über die Erziehung

FSC
www.fsc.org
MIX
Papier aus verantwortungsvollen Quellen
FSC® C012536

Das für dieses Buch verwendete FSC-zertifizierte Papier
EOS lieferte Salzer, St. Pölten.

1. Auflage

Lektorat: Dr. Arnold Klaffenböck
Illustrationen: Thomas Wizany
Gesamtherstellung: www.theiss.at
Gesetzt aus der Optima
Printed in Austria
ISBN 978-3-7110-0031-6

1 2 3 4 5 6 7 8 / 15 14 13

www.ecowin.at

# Zum Geleit

Getragen wird dieses Buch von drei Menschen, die Freunde geworden sind. Ihre Freundschaft hat einen speziellen Hintergrund: die Freude am Philosophieren. Diese Freude hat die drei zusammengebracht und ohne sie hätte man sich vermutlich niemals kennengelernt.

Was bringt uns auf den Plan, ein Buch über Erziehung zu schreiben? Nun, wir haben es uns zur guten Gewohnheit gemacht, regelmäßig philosophische Gespräche zu führen, über Gott und die Welt sozusagen. Dabei ist uns schon vieles untergekommen, unter anderem auch das, was so landläufig als „Erziehung" praktiziert wird. Schließlich sind wir ja alle einmal erzogen worden und können uns noch gut erinnern, wie es damals war. Auch haben wir Augen im Kopf und können sehen, was rund um uns geschieht. Jedenfalls hat uns das Thema nicht mehr in Ruhe gelassen, sodass wir unsere *Philosophische Küche* im Institut für Wertewirtschaft (www.wertewirtschaft.org) für ein paar Tage gar nicht mehr verlassen wollten. Freilich sind wir zwischendurch auch hinüber in unsere Bibliothek gegangen, um ein paar Dinge nachzuschlagen. Doch die meiste Zeit sind wir in der Küche, an unserem Herdfeuer geblieben und haben darüber nachgedacht, was Erziehung im Grunde ist, was sie im Idealfall ist, was sie im Normalfall ist und auch, warum sie gar nicht so wichtig ist, wenn man sie erst einmal überlebt hat und erwachsen geworden ist. Dabei haben wir Kaffee getrunken und Kekse gegessen, weil es schon Winter und draußen ziemlich finster war. Es waren einige beschauliche Nachmittage, die wir uns auf diese Weise um die Ohren geschlagen haben.

Mittlerweile ist aus diesen Nachmittagen ein Buch entstanden, in das wir nachträglich noch allgemeine Gedanken und persönliche Erinnerungen eingefügt haben. Unsere Gespräche jedenfalls sind in weiten Zügen erhalten geblieben und zum Kern des Textes geworden. Das war uns ein Anliegen, weil das Denken ganz grundsätzlich in und aus der Bewegung lebt. Gedanken, und zwar solche, die in der philosophischen Tradition als „Denken" bezeichnet werden, geben nur dann Sinn, wenn sie auf andere Menschen treffen, die sie aufnehmen und weiterverfolgen können. Die Praxis der Philosophie liegt im Gespräch. Und alle Philosophie hat auch ihren Ursprung im Gespräch, mit Menschen, mit Büchern, mit dem Leben als Ganzes. Sie entsteht durch Konfrontation. Irgendwann einmal beginnen die Gedanken sich auch zu verselbstständigen. Dann hat man das Denken erlernt. Aber ob es auch richtig ist, was man denkt, weiß man erst, wenn es sich in der Praxis bewährt, wenn man das Gedachte wieder über die Lippen bringt und in der Reaktion der anderen neu erfährt, wenn man es in Handlungen umsetzt und erlebt, wie es wirkt, und vor allem: ob es sich so auswirkt, dass es gut und richtig ist, für einen selbst und auch für jene, die einem lieb und teuer sind.

Zum Thema der Erziehung, das unsere *Philosophische Küche* diesmal beschäftigt hat, vorweg noch Folgendes: Wir wollen uns selbst nicht als Erziehungsberechtigte aufspielen, die anderen Menschen vorschreiben, wie sie ihre Kinder zu erziehen haben. Das liegt uns nicht und steht uns nicht zu. Darum haben wir auch kein Anleitungsbuch mit Rezepten verfasst, keine modische „Erziehungsmethode" erfunden, die wir mit Anglizismen schmücken und lizenzieren lassen. Unsere Aufgabe besteht darin, zum Nachdenken anzuregen. Das gelingt uns am besten, indem wir selbst nachdenken und den Leser beim Nachdenken zusehen lassen.

Wien, April 2013

# Über die Liebe als Voraussetzung

Roland: Eigentlich wäre die Aufgabe des Erziehenden, dass er der Schutzengel ist, der sichtbare Schutzengel.

Eugen: Schön gesagt!

Roland: Der nie sagt: „He! Mach das jetzt!", sondern der einfach immer da ist, wenn du stolperst, dir die Hand gibt – und es ist wieder gut. Wenn du ein Gefühl für kleine Kinder hast, ein liebender Elternteil bist, dann machst du das ja automatisch. Wenn du etwa die Stiegen runtergehst, gibst du dem Kind die Hand, weil es deine Hand ja auch will. Da macht das Handgeben Sinn. Aber zu sagen: „Jetzt gib mir die Hand!", nur damit es schön brav neben dir hergeht und sich nicht irgendwo schmutzig macht, das versteht das Kind nicht. Wenn es die Stiegen runtergeht oder wenn das Kind mit dir in einer Umgebung ist, wo es sich nicht wohlfühlt, gibt es dir ganz automatisch die Hand. Das Erste, was ein Kind macht, ist, dass es nach deiner Hand greift. Es will geführt werden. Also wenn der zu Erziehende Hilfe braucht, meldet er sich normalerweise. Außer es ist ihm gelehrt worden, dass man nicht um Hilfe bittet, weil man dann als schwach oder unfähig gilt. Das wäre schlecht.

Rahim: Ich glaube, die wesentliche Voraussetzung ist Liebe.

Roland: Sowieso. Dazu muss man aber wissen, was Liebe ist. Was ist Liebe? Diese Frage ist ja nicht leicht zu beantworten.

Eugen: Also die Liebe, die alles umfassende Liebe, die man bei den alten Griechen *Eros* genannt hat, ist für Platon, den vielleicht bedeutendsten Philosophen der Antike, der wichtigste Motor und Beweggrund für alles, das etwas Gutes werden soll. Der *pädagogische Eros*, von dem Platon ebenso spricht, ist dann ein Spezialfall, eine spezielle Form von Liebe, nämlich eine, die darin besteht, dass man etwas Wichtiges weiterzugeben hat.

Roland: Ohne etwas zurückzubekommen.

Eugen: Unter Umständen auch, ohne etwas zurückzubekommen. Und man tut es deshalb, weil man schon etwas gelernt hat im Leben, etwas Wichtiges zu sagen hat, für etwas brennt, das es wert ist, weitergegeben zu werden.

Rahim: Wirkliche Liebe, im Unterschied zur bloßen Verliebtheit, lässt sich gut auf diesen pädagogischen Eros übertragen. Wirkliche Liebe ist Wertschätzung für eine Person, wie sie gemeint ist. So sagt das der Wiener Psychologe und Therapeut Viktor E. Frankl. Er hat eine schöne Analogie. Er sagt: „Wahre Liebe macht nicht blind, sondern sehend." Die falsche Liebe, die Verliebtheit, macht blind. Wahre Liebe macht dich sehend. Du siehst das Potenzial eines Menschen, wie er gemeint ist.

Eugen: Der Punkt ist, dass man den anderen zum Leuchten und zum Wachsen bringt. Darum geht es in der Liebe.

Roland: Also wenn ich probiere, mit meiner Tochter „richtig" umzugehen, dann frage ich mich immer:

Wie habe ich es damals als Kind empfunden, wenn meine Eltern etwas zu mir gesagt haben? Was ist da in mir passiert? Und wenn ich mich erinnere, dass gewisse Sätze sehr unangenehm waren, dann versuche ich tunlichst zu vermeiden, sie auch zu meiner Tochter zu sagen. Ich meine so Blödheiten wie: „Hörst du nicht?“, „Sag, kannst du nicht hören?“ Was ist das für eine Frage? Klar höre ich. Warum soll ich nicht hören? Und die gleichen Blödheiten, die man als Kind eingeimpft bekommen hat, gibt man später weiter. 30 Jahre später macht man dann genau dasselbe, wenn man nicht aufpasst.

# Danksagung

*von Roland Düringer*

Auch ich wurde erzogen, so wie wir alle. Ob gut oder schlecht, kann ich beim besten Willen nicht beantworten. Diese Antwort können nur jene geben, die mit mir zu tun hatten oder haben. Für manche bin ich gut erzogen, für andere vielleicht schlecht. Das hängt davon ab, welche Werte man selbst als Maßstab für gut oder schlecht erzogene Personen anlegt. Diese Bewertungskriterien beruhen wiederum auf der eigenen Erziehung, also auf jenen Daten, die man in seiner Lebensgeschichte bisher einprogrammiert bekommen hat. Und bevor es jetzt kompliziert wird: Meine Erziehung war, wie sie war, ist Vergangenheit und nicht mehr umkehrbar.

Heute bin ich ein zufriedener Mensch, genieße das Leben und all seine Geschenke und nehme nichts allzu wichtig, schon gar nicht mich selbst. Dieses Resultat vor Augen, kann ich nur sagen: Ich wurde gut erzogen. Würde es also in der Zukunft Ereignisse geben, die mich unzufriedener machen, mich mit meinem Schicksal hadern lassen, dann liegt das nicht an meiner Erziehung, sondern nur an mir selbst und möglicherweise an falschen Entscheidungen, die ich als freier Mensch getroffen habe. Meine Erzieher kann ich im 50. Lebensjahr für nichts mehr verantwortlich machen, zumal ich auch nicht mehr sagen kann, wer aller und vor allem wer in welchem Maße Beiträge zu meiner Erziehung geleistet hat. Die Liste meiner Erzieher ist eine sehr, sehr lange. Manche sind in meinem Bewusstsein verankert, andere leisten im Unterbewusstsein nachhaltig ihre guten oder schlechten Dienste: Eltern, Großeltern, Tanten, Onkel, Kindergartentanten, Klosterschwestern, Lehrer, Mitschüler, Gassenjungen, Patres, Kapläne, Fahrlehrer, Ober- und Unteroffiziere, väterliche Freunde, Lebensabschnittspartnerinnen, Haustiere, meine Tochter, meine geliebte Ehefrau, der Fernseher, das Radio, die Zeitungen, Freunde, Feinde, Politiker, Gesetzgeber, Beamte und unzählige Begegnungen mit anderen Menschen haben mich zu dem gemacht, was ich jetzt bin. Ich denke, dieses Buch ist ein schöner Ort und auch ein guter Zeitpunkt, einmal Danke zu sagen: Danke an alle für meine Erziehung. Und dieser Dank gilt auch den Trotteln und manchmal Arschlöchern, die versucht haben, mich zu erziehen. Von ihnen habe ich gelernt, wie es *nicht* geht.

# Über Bildungssysteme und Bildungsreformen

Eugen: Wir reden über Erziehung, nicht über Bildung.

Roland: Ja. Aber wir müssen auch über Bildung reden, um sie von der Erziehung abzugrenzen. Wir haben heute ein Bildungssystem, das immer früher, schon im Kindergarten Zugriff hat auf das, was du bist. Wenn du selbst in diesem System drinnen warst, dann weißt du, dass gewisse Dinge absolut nicht funktioniert haben. Ich bin so viele Jahre in einer Schule gesessen. Wenn ich mich frage, was habe ich mir wirklich gemerkt, was ist hängen geblieben, was hat mich in meiner geistigen Entwicklung weitergebracht oder eine Bedeutung in meinem Leben bekommen, fällt mir nicht sonderlich viel ein.

Rahim: Am bedeutsamsten ist wahrscheinlich, dass du in der Schule das Sozialverhalten mit Gleichaltrigen lernst. Diesbezüglich haben wir in der Schule vielleicht am meisten gelernt. Das ist freilich eine sehr künstliche Situation, wenn Gleichaltrige in einem großen Haufen in einer Zwangsanstalt untergebracht sind. Da lernt man in der Tat viel über den Menschen, aber mehr über seine Schattenseiten.

Roland: Genau, man lernt viel, aber wie es falsch läuft. Wenn ich das als Schüler erkennen kann, ist es gut. Wenn ich aber in diesem System gefangen bin und denke, dass dieses Sozialverhalten ein richtiges Verhalten ist, weil es mich in meinem Leben weiterbringt, ist es gefährlich. Ich glaube, dass das viel eher passiert. Aber immerhin hat man ja, wenn man durch seine berufliche Laufbahn einmal die Gelegenheit bekommt, auf der anderen, der lehrenden Seite zu stehen oder jemand wird, der für dieses System Entscheidungen trifft, die Möglichkeit zu sagen: Okay, so hat es für mich nicht funktioniert. Das müssen wir ändern. Das kann man verbessern. Warum tut man das eigentlich nicht?

Rahim: Das tut man die ganze Zeit. Doch das Problem ist: Jeder leitet aus seiner anekdotischen Erfahrung bestimmte Regeln ab und will dann wieder für alle anderen dieselben Regeln einführen. Das Bildungssystem wurde massiv reformiert. Es ist praktisch im Dauerreformzustand. Einmal hat man gesagt: Wir müssen den Unterricht interaktiver machen. Wenn wir die Schüler in Form von Gruppenarbeiten lernen lassen, dann sind wir den Frontalunterricht los, der die Wurzel allen Übels ist. Zur Umsetzung solcher Pläne beginnt man bei der Lehrerausbildung. Das heißt, man verpasst den Studenten noch ein paar Kurse in Didaktik. Die Studenten büffeln das. Dann kommen sie in die Schule. Gleichzeitig wird der Lehrplan umgebaut und die Direktoren werden angewiesen, ihn mit ihren Lehrern umzusetzen. Im Lehrplan wird meist ein bisschen vom Fachlichen weggestrichen, dafür sollen die Kinder lernen, sozial in Gruppen miteinander zu agieren. Sie sollen „Sozialkompetenz" lernen. Der junge Lehramtskandidat, der womöglich selbst noch eine unsichere Person ist, dem genau diese Sozialkompetenzen fehlen, befindet sich nun in der Situation, Sozialkompetenz vermitteln zu müssen. Engagierte Lehrer haben das Problem ohnehin schon für sich gelöst, weil sie realisiert haben, dass sie im Frontalunterricht nicht sonderlich viel weiterbringen. Jetzt gibt es aber Lehrer, die frontal sehr wohl etwas weiterbringen würden, weil sie fantastische Geschichtenerzähler sind, die es schaffen, dass alle aufmerksam zuhören. So ein Lehrer steckt nun in der Zwickmühle: Soll ich ständig Gruppenarbeiten machen? In der Praxis sind solche Arbeiten oft völlig sinnlos. Die Schüler hassen sie, weil sie merken, dass nur der Trottel in der Gruppe die Arbeit macht. Die anderen tauschen im Bankfach ihre Sticker aus. So läuft das realistischerweise ab.

Dann kommt der nächste Bildungsreformer und sagt: Wir müssen mehr messen und evaluieren. Wenn wir nur evaluieren, wird alles gut. So kommt sozusagen immer eine neue Idee. Du kannst aber nicht, wenn du mit Menschen zu tun hast, die Menschen laufend ändern. Jeden Lehrer müsstest du erziehen, dass er ein guter Lehrer in deinem Sinne wird. Die meisten der engagierten Lehrer sind relativ bald frustriert in diesem System, weil sie sehen, dass es viel zu unflexibel ist. Und sie wissen auch, dass sie die Schüler auf die Matura vorbereiten müssen. Womöglich kommen dann die Eltern anmarschiert und sagen: „Wir haben gehört, sie bereiten unsere Kinder nicht richtig auf die Matura vor. Ihr Kollege, der macht das anders. Der rechnet schon ein Jahr lang Maturaaufgaben. Warum ist das bei Ihnen so?“

Roland: Was mache ich jetzt als Lehrer?

Rahim: Gute Frage. Soll ich für die Eltern da sein? Für die Schüler da sein? Verbaue ich ihnen etwas, wenn ich sie nicht optimal vorbereite auf das, was bei der Matura abgefragt wird? Es könnte ja ein neuer Bildungsreformer kommen und die Matura abschaffen und die Noten gleich dazu. Dann wäre der Stress weg. Doch auch eine solche Reform wird wiederum dieselbe paradoxe Kette auslösen, weil nichts für alle Richtiges kommen kann.

Eugen: Das stimmt. Es gibt immer wieder neue Trends. Ich habe ja selbst in Mittelschulen unterrichtet, Philosophie und Psychologie, und war zuvor auch noch zwei Jahre lang Erzieher im Internat.

Die Behörden versuchen, diese Trends den Lehrern ständig aufs Auge zu drücken. Doch zur Ehrenrettung der Lehrer: Gute Lehrer lassen sich nicht beirren. Sie bedienen sich alter und neuer Methoden, ganz wie es ihnen passt. Und sie tun das aus ihrem pädagogischen Instinkt heraus. Niemand wird seines Amtes enthoben, bloß weil er nicht nach gewissen Methoden unterrichten will, gesetzt den Fall, er bringt gute Resultate. Gute Lehrer unterrichten stets so, dass ihnen der Unterricht auch gelingt. Dazu probieren sie, besonders in jüngeren Jahren, verschiedene Methoden aus und nehmen jene, die sich bewähren und die bei der Vermittlung ihres Wissens die besten sind.

Roland: Jetzt sind wir, glaube ich, beim springenden Punkt: In unserem Schulsystem, unserem Bildungssystem geht es in erster Linie darum, Wissen zu vermitteln.

Eugen: So ist es. Erziehung ist etwas anderes. Bei den alten Griechen war der Pädagoge derjenige, der die Buben zum Lehrer bringt, sie nach dem Unterricht wieder abholt und zum Essen und auf den Sportplatz führt. Das ist der Pädagoge, der Erzieher, den es auch heute noch in Internaten gibt. Der Lehrer hingegen vermittelt Wissen. Aber auch der Lehrer hat Erziehungsaufgaben, besonders wenn die Kinder noch kleiner sind.

# Was Bildung von der „Bildung“ unterscheidet

*von Rahim Taghizadegan*

Bildung ist ein lebenslanger Prozess des Bildens einer Persönlichkeit, der Entfaltung unseres Potenzials. Gebildet kann man nicht werden, sondern nur eigenständig an sich arbeiten, Erfahrungen machen, den Geist, aber auch Körper und Seele üben, von anderen Menschen lernen, die Welt und sich selbst entdecken. Ein berufener Lehrer vermag hierbei das Feuer zu entfachen. Er kann Hilfestellungen und Orientierung bieten, Wissen zugänglich machen und mit Trost, Ermutigung, Vertrauen zur Seite stehen.

„Bildung“ hingegen, darunter verstehen wir heute Ausbildung – eine falsche Abzweigung der Aufklärung, die Massenbeschulung durch Beamte nach Lehrplänen hervorbrachte. Dahinter stand der Wunsch, möglichst viele zu „bilden“, aber auch die Absicht, Kanonenfutter für die Wehrpflichtigenarmeen der Neuzeit zu formen. Angeblich ist „Bildung“ das Wichtigste und kein Preis für sie zu hoch – bis zur totalen „Bildung“, bei der Kinder ganztägig von der Wiege bis zum Arbeitsplatz mit Gleichaltrigen in Gebäuden verwahrt werden – fern von ihren Familien, der realen Welt und all den Erfahrungen, die ihre Feuer wirklich entzünden könnten. Tatsächlich ertragen die Menschen diesen Wahn nur deshalb, weil Ausbildung letztlich doch nicht so wichtig ist. Bei wirklich wichtigen Dingen würde die Anmaßung offensichtlicher sein. Gäbe es etwa eine allgemeine „Nährpflicht", also den Zwang, Menschen in staatlichen Monopoleinrichtungen nach für allen gleichen Nährplänen unter Beamtenaufsicht Speisen zu verabreichen, während nur jene Vermögenden, die sich zur steuerbezahlten Kantine noch das Luxusrestaurant leisten könnten, eine Alternative fänden, wäre Widerstand oder schlimmste Mangelernährung die unausweichliche Folge. Zum Glück ist Ausbildung gar nicht so wesentlich

für unsere Existenz. Schade ist es nur um all die verlorene Bildung, die stattdessen stattfinden könnte. Kein Plan, keine Massenzucht, kein Geld kann diese hervorbringen, sondern nur vorgelebte Bildungsfreude, Ermutigung und jene Sicherheit bietende Liebe, die sich als Starthilfe vorwiegend im Elternhaus findet und finden sollte. Leider legen viele Eltern aus Bequemlichkeit mehr wert auf Ausbildungs- und Anpassungsdruck.

# Über die Schule und die Rolle des Lehrers

Eugen: In der Schule, beim Mathematikunterricht habe ich nie wirklich verstanden, wozu man das alles braucht. Das war aber auch nie ein Thema. Es war immer nur ein abstraktes Herumspielen mit Zahlen und wir haben nie erfahren, was man im Leben damit anfangen kann.

Roland: Genau. Mir hat auch keiner den Sinn von Mathematik erklärt. Aber das wäre wichtig.

Rahim: Da gibt es einen Grund dafür. Jene Leute, die sich die Lehrpläne ausdenken, sind in der Regel solche, denen Mathematik am Herzen liegt. Mathematiker neigen dazu, das als eine Sache für sich zu sehen, die keinen Zweck hat. Sie meinen, dass die Mathematik eine Begabung ist, die der Mensch einfach haben sollte. Der Musiklehrer hat ja ein ähnliches Problem. Wozu das Rhythmusgefühl? Wozu soll ich Noten lesen können? Derjenige aber, dem Musik am Herzen liegt, sagt: Das gehört zum Menschen dazu, das alles irgendwie zu wissen und zu können.

Eugen: Beim Musikunterricht verstehe ich das. Da kommt etwas raus dabei, im besten Fall Musik. Aber bei der Mathematik?

Roland: Wenn ich hier kurz unterbrechen dürfte, nur zur Ehrenrettung der oft verschmähten Mathematiklehrer …

## Über die Begeisterung, Wissen zu vermitteln

*von Roland Düringer*

Es war in der Unterstufe des Realgymnasiums, da hatte ich einen relativ unspannenden Mathematiklehrer. Er war schon ein etwas älterer Herr und die Mathematik schien ihm nicht wirklich am Herzen zu liegen. Allerdings war er davon begeistert, Wissen weiterzugeben, noch dazu wirklich nützliches, im Alltag verwertbares Wissen. Es schien, als hätten er und wir, die ganze Klasse, das gleiche

Problem: Mathe ließ unsere Herzen nicht wirklich höher schlagen. Kinder sind zwar klein, aber nicht blöd, und durchschauen uns Erwachsene relativ schnell. Uns Schülern war bald klar: Was in Mathe nicht gelehrt wird, muss auch nicht gelernt werden. Kein Matheunterricht, keine Hausübung. Unsere Aufgabe war es nun, Interesse vorzutäuschen. „Herr Fessa, bitte eine Frage: Wie viel Benzin braucht denn Ihr Opel Admiral?" In der Regel brauchte so ein Admiral, das war damals ein wirklich sehr, sehr großes Auto, verdammt viel Benzin, es sei denn, dieses war, wie der Opel unseres Mathematiklehrers, auf Flüssiggasbetrieb umgebaut. Eine Tatsache, die uns der gute Professor, auf unser Nachfragen hin, schon vier Mal erzählt hatte. Also warum auch nicht ein fünftes Mal, oder?

„Also kommt, Kinder, glaubt ihr vielleicht, ich durchschaue eure Stundenverzögerungstaktik nicht?" Mit einem spitzbübischen Grinsen im Gesicht wandte sich unser guter Professor von der Tafel ab. Seine Augen blitzten und mit einem Schlag füllte wahre Begeisterung das Klassenzimmer. Natürlich durchschaute er unsere Mathe-Sabotagetaktik, aber sie kam ihm offenbar nicht ungelegen, manchmal schien er es richtig herauszufordern. Er war einer der guten Lehrer, die lieber Menschen statt Fächer unterrichteten.

„Wir haben ja, wenn ich mich recht erinnere, schon ausführlichst besprochen, dass mein Wagen mit Flüssiggas fährt." – „Aber Herr Fessa, ist Gas nicht viel gefährlicher als Benzin, wegen dem Explodieren und so?" – „Prinzipiell ja, aber ..." Und damit war die Mathematikstunde für uns wieder einmal gelaufen. Der Herr Professor war in seinem Element und tat, wozu er berufen war. Er gab sein Wissen, das in diesem Fall auf eigenen Erfahrungen beruhte, an uns Schüler weiter. Sobald er über sein Auto sprach, uns über Vor- und Nachteile von Flüssiggasautos, über die technischen und gesetzlichen Voraussetzungen für den Umbau und den sicheren Betrieb aufklärte, waren wir mucksmäuschenstill, aufmerksam und interessiert, wahre Musterschüler sozusagen, denn wir hatten ein klares Ziel vor Augen: kein Mathe mehr in dieser Stunde.

Und nicht nur wenn es um sein Auto ging, nein, es war unglaublich, bei wie vielen Dingen sich dieser unscheinbare Mann auskannte. Er war für mich ein wahrer Gelehrter. Geschichte, Geografie, Philosophie, Biologie, handwerkliche Fragen, landwirtschaftliche Praktiken, unser Mathematiklehrer hatte von all diesen Dingen etwas zu erzählen und er tat dies mit Leidenschaft und Begeisterung. Einmal referierte er – ich habe keine Ahnung, wie wir damals darauf gekommen sind – sogar über das Einlegen von Gurken. Nicht, dass ich mir das Rezept gemerkt hätte, aber ich weiß bis heute, warum in Gurkengläsern obenauf, zwischen der obersten Gurke und dem Deckel ein dünner, zirka zwei Zentimeter breiter Sperrholzstreifen installiert werden sollte. Falls Sie nicht wissen, wozu das Sperrholz im Gurkenglas dient, dann hatten Sie entweder einen miserablen Mathematiklehrer oder haben schlichtweg in Mathe nicht aufgepasst. In diesem Fall können Sie „Gurken einlegen" ja googeln. Dort erhalten Sie vielleicht das gesuchte Wissen, aber sicher keine Begeisterung.

Rahim: Ich kann da nur sagen, wie ein Mathematiker denkt. Für einen Mathematiker ist das eine Methode, die Schönheit der Welt zu sehen und sehen zu lernen.

Eugen: Das kann ich beim besten Willen nicht nachvollziehen.

Rahim: Ja, weil du die Mathematik nie so kennengelernt hast. Das Problem ist: Ein begeisterter Mathematiker könnte dir die Mathematik, wenn du Begabung hast, vermitteln. Jemand, der das als Lehramt unterrichtet und selbst diese Begeisterung noch nicht erfahren hat, kann das nicht. Denn da gehört viel dazu. Mathematik ist ein schwieriges Fach.

Eugen: Der war urschlecht, mein Mathe-Lehrer. Hat sich dauernd verrechnet an der Tafel. Konnte nichts wirklich erklären und war auch ständig schlechter Laune, weil ihm das Unterrichten keine Freude gemacht hat.

Rahim: Das ist kein Wunder. Bei diesen harten Fächern gehört eben Begeisterung und Begabung dazu. Du findest auch selten einen wirklich guten Geigenlehrer. Was wäre, wenn beispielsweise jedes Kind in der Schule Geige lernen müsste? Dann bräuchtest du eine Massenproduktion an Geigenlehrern. Es ist klar, was dabei rauskommt. Das wird schrecklich sein, weil die wenigsten Lehrer wirkliche Begeisterung aufbringen werden. Da sagt sich dann einer: „Gut, ich brauche noch ein Nebenfach. Da mache ich Geige. Klingt gut. Und ich muss keine Schularbeiten korrigieren." Der belegt dann zwei Jahre Geigenkurse an der Uni, Geigendidaktik, Geigenpädagogik und Geschichte der Geige und so weiter. Und so sieht der Unterricht dann auch aus. Die Kinder werden die Geige hassen und sagen: „So etwas Sinnloses. Ich werde das nie brauchen können."

Roland: Was ich da jetzt heraushöre, ist, dass uns offenbar im Schulsystem etwas fehlt. Das ist die Kunst, in anderen Menschen Begeisterung zu wecken.

Eugen: Das Feuer fehlt.

Rahim: Und das muss erst wirklich in dir brennen. Man kann es nicht mithilfe eines Systems gleichsam industriell herstellen.

Eugen: Das stimmt, du kannst so ein Feuer nicht in Massen produzieren.

Roland: Aber ist es nicht so, dass in uns allen kleine Flämmchen brennen?

# Lehrer, die entbehrlich sind, und Lehrer, die begeistern

*von Roland Düringer*

Ich habe Musikunterricht gehasst in der Schule. Ich habe den Musikunterricht total gehasst. Das hat schon in der Volksschule begonnen. Da hieß es ja noch nicht „Musikerziehung“, sondern „Singen“. Singen haben wir gehabt. Instrumente hat es keine gegeben. So haben wir halt Lieder gesungen, Kinderlieder. Ich habe als kleines Kind damals mit Begeisterung mitgesungen. Meine Lehrerin hat zu mir gesagt: „Super, wie du das machst. Nur, du brauchst nicht so laut. Tu nur leiser.“ Bis sie dann irgendwann einmal gesagt hat: „Du, wenn du nur den Mund bewegst, reicht es auch.“ Das heißt, du kannst nicht singen. Womit sie recht hatte. Ich konnte nicht singen. Ich habe laut mitgesungen und sicher komplett falsch. Das hat natürlich den Chor der Klasse gestört. Deshalb: „Tu leise oder geräuschlos singen.“ So war die Musik für mich gestorben.

Im Turnunterricht ist etwas Ähnliches passiert. Sagt der Turnlehrer: „Heute klettern wir ein Seil hinauf.“ Ich habe nicht einmal gewusst, wie das motorisch funktioniert, wie ich meinen Körper koordiniere. Dann bin ich oben gehängt und habe nicht gewusst, wie ich wieder runterkomme, weil ich das nie gemacht habe als Kind. Alle haben mich ausgelacht. Nur, da habe ich mich dann selber wiederfangen können. Ich habe begonnen, Motocross zu fahren. Auf einmal habe ich Sport betrieben, freiwillig, und das Blatt hat sich gewendet. Aber in der Musik war es so, dass für mich klar war: Das ist für mich nicht interessant.

Dann kam ich in eine andere Schule. Es war damals das Gymnasium in der Reinprechtsdorfer Straße. Da haben wir ein eigenes Musikzimmer gehabt. Ist ein Klavier drinnen gestanden. Und wir haben auch Musiktheorie und Musikgeschichte gehabt, auch ein bisschen die Noten gelernt. Das war für mich, dadurch, dass ich nicht gesungen habe, vollkommen … Noten … ich habe nicht einmal gewusst, was ich da … also es war ganz schrecklich für mich. Ganz, ganz schrecklich. Dann war der Lehrer einmal krank und wir haben eine Supplierlehrerin gehabt, eine ganz junge Musiklehrerin, die in einer anderen Klasse unterrichtet hat. Die ist mit der Gitarre reingekommen und hat gesagt: „Passt auf! Ich weiß nicht, was ich mit euch machen soll. Ich weiß nicht, was ihr gerade in Musik macht. Aber wir können ein paar Lieder miteinander singen." Habe ich mir gedacht: „Um Gottes willen. Lieder? Na, das brauche ich jetzt. Singen. Peinlich." Die packt die Gitarre aus. Fängt zu stimmen an. Auf einmal spielt die „Bam, bam, bam … bam, bam, babam." Und ich habe mir gedacht: „Was war denn das?" Sagt sie: „Das kennst du nicht? Das ist ‚Smoke on the Water' von ‚Deep Purple'." – „Aha!" Und das hat in mir ein kleines Feuer entfacht, auf einmal, nur weil sie beim Stimmen dieses Riff gespielt hat. Ich bin sofort in ein Musikgeschäft gerannt und habe mir eine Musikkassette von „Deep Purple" gekauft. Das Gitarrenspiel von diesem jungen Mädchen damals, das hat mich begeistert. Sie hat mir etwas vermittelt. Sie hat etwas gespielt, von dem sie begeistert war.

## Über das Wort „erziehen" und den Beruf des Erziehers

Roland: Erziehen ... ein schreckliches Wort.

Rahim: Ein grässliches Wort.

Roland: Es ist so hässlich, dieses Wort.

Eugen: Aber ich kann euch sagen, was Erziehung ist. Ich war ja Erzieher.

Roland: Was ist Erziehung?

Eugen: Damals, das ist wohl schon über 20 Jahre her, habe ich die Kinder nach der letzten Unterrichtsstunde von der Klasse abgeholt. Konkret war es eine erste Klasse im Gymnasium, 28 zehnjährige Buben und Mädchen. Zwei Jahre lang habe ich diese Kinder als Erzieher betreut. Nach dem Unterricht habe ich sie in einer Zweierreihe aufstellen lassen und dann sind wir gemeinsam in den Speisesaal marschiert. Das war wie ein Ballett, weil alle Klassen so ungefähr gleichzeitig in den Speisesaal gekommen sind. Insgesamt waren es 700 Kinder. Das müsst ihr euch vorstellen, ein riesiger Saal. Ich habe die Aufgabe gehabt, dass zumindest bei meiner Klasse alles reibungslos funktioniert, unter den strengen Augen des Herrn Erziehungsleiters, der immer Sorge hatte, dass etwas Schreckliches passiert. Es bestand ständig die Gefahr, wohl zu Recht, dass eine dieser Klassen ins Laufen kommt und sich im engen Stiegenhaus in eine andere verkeilt. Jedenfalls hat es regelmäßig Knochenbrüche gegeben. Unten, im Speisesaal, haben wir dann gemeinsam gegessen. Ich habe geschaut, dass die Buben den Mädchen nicht alles wegfressen und niemand dem anderen den Leberkäs in den Hemdkragen steckt.

Für die Hungrigen habe ich in der Küche noch ein wenig um Nachschub gebettelt. Die ganz, ganz Schlimmen, die mir so richtig auf die Nerven gegangen sind, haben später dann am Gang alleine essen müssen. Das haben die nur ein oder zwei Mal gemacht, dann hat alles funktioniert. Nach dem Essen sind wir hinaus in den Park gegangen und haben gespielt, Frisbee, Fußball, Fangerl, was auch immer. Mit denen, die Fragen oder Probleme hatten oder einfach nur plaudern wollten, habe ich Spaziergänge durch den Park gemacht und Einzelgespräche geführt. Dann bin ich mit allen zurück in die Klasse und wir haben gemeinsam die Hausaufgaben gemacht. Wenn es notwendig war, habe ich ihnen dabei auch geholfen. Jedenfalls habe ich kontrolliert, ob sie gemacht wurde oder nicht, auch dass die Hefte nicht verloren gehen, habe Füllfedern repariert und Bleistifte gespitzt. Dazwischen hat es auch Pausen gegeben, in denen wir mit Schaumstoffbällen am Gang Fußball gespielt haben. Meine Aufgabe war, aufzupassen, dass sich niemand eine Platzwunde von der Zentralheizung holt. Am Abend sind die Kinder von ihren Eltern dann abgeholt worden.

Roland: Das ist ja so ähnlich, als ob ein Cowboy seine Kuhherde zusammenhält, oder?

Eugen: Überwiegend ist das so.

Rahim: Das ist eine Funktionsbeschreibung und ein bisschen ein Euphemismus. Also es ist unwahrscheinlich, dass diese Kinder, wenn man sie heute fragen würde: „Von wem hast du deine Erziehung?", sie dabei dich erwähnen würden. Auch wenn sie eine schöne Erfahrung mit dir gemacht haben. Bei manchen wirst du vielleicht eine Leidenschaft geweckt haben durch die schönen Gespräche, die du geführt hast. Ich habe ja schon jemanden kennengelernt, der mir Gutes von seiner Zeit mit dir berichtet hat.

Roland: Aber deswegen, weil der Eugen einfach ein netter Kerl ist. Nicht aufgrund seiner erzieherischen Rolle. Weil er einfach ein Mensch war. Dieses hässliche Wort „erziehen"…

Rahim: Auf Englisch ist es ein bisschen schöner.

Roland: Education. Oder?

Rahim: Ja. Darin ist das Wort *educere* enthalten. Das heißt hinausführen. Und manche deuten das so, dass etwas, was in dir drinnen ist, herausgeführt werden soll. Es steckt *ducere*, das Führen, drinnen. Das ist von seiner Bedeutung her etwas Schöneres als Ziehen. Das Führen ist als Begriff im Deutschen leider kaputtgegangen, durch die falschen Führer und Verführer, die wir hatten. Aber sonst, von seiner Grundbedeutung her, ist der Dux, der Führer, derjenige, der durch gutes Vorbild vorausgeht und dadurch allenfalls natürliche Autorität hat. Er eröffnet einen Weg, den ich nachgehen kann. Der Dux in seinem ursprünglichen Sinn ist derjenige, der tut und dem du folgen kannst. Der dich aber nicht schiebt und schubst und zieht, weil er dich sonst nicht führen würde, sondern drängen.

Also offenbar kommt Erziehen, das vermuten die Gebrüder Grimm in ihrem Wörterbuch, vom Verhalten der Vögel. Es gibt alte deutsche Verse, in denen behauptet wird, dass die Vögel ihre Jungen aus der Schale „erziehen", also gewissermaßen rausziehen. „Aus der Schale erziehen", kleine Vögel rausziehen, aufpäppeln und dann letztlich zum Fliegen bringen. Ähnlich ist das auch im Lateinischen. Es war nicht ganz richtig, was ich vorhin gesagt habe. Ich sagte, dass das englische Wort educate von *educere* kommt. Es ist eine Überlagerung. Es kommt von *educare* <u>und</u> von *educere*, und es ist nicht klar, welche die vorrangige Bedeutung ist. *Educare* bedeutet genau dasselbe wie erziehen. Es handelt sich um das formende Erziehen, und das hat schon etwas Gewalttätiges an sich.

Roland: Ziehen heißt formen.

Rahim: Aber *educere* ist die Nebenbedeutung, und sie trägt wiederum das Freie, das Herausführen des selbstständigen Wesens in sich.

Roland: So wie wir uns als Menschen im System aufführen, müssen wir davon ausgehen, dass es sich nicht um das *Educere*, sondern leider um das *Educare* handelt. Und auch das, was den Vögeln

von den Menschen angedichtet wurde, ist aus meiner Sicht vollkommener Blödsinn. Ich habe noch nie einen Vogel gesehen, der einen anderen aus einem Ei herauszieht.

Eugen: Vögel haben so eine Art Eipecker da oben am Schnabel. Sie haben einen Eizahn, mit dem sie sich von innen nach außen durcharbeiten.

Roland: Hingegen eine Pflanze zu ziehen, sie großzuziehen, das ist etwas ganz Normales. Eugen und ich, als Pflanzenliebhaber, wir wissen das. Du weißt das ja auch. Eine Pflanze wird gezogen. Gezogen heißt, dass man sie in eine Form bringt, indem man ihr etwa ein Rankgerüst baut oder sie irgendwo annagelt oder anbindet, wie auch immer. Aber selbst das ist nichts Gewaltloses. Auch wenn man jetzt sagt: Eine Pflanze kennt keinen Schmerz. Ich meine, eine Pflanze hat immer einen Grund, warum sie in eine gewisse Richtung oder mit einem gewissen Drall wächst. Sei es jetzt die Witterung, sei es die Sehnsucht nach dem Sonnenlicht, sei es eine Wasserader, die vielleicht unterhalb fließt, die wir gar nicht spüren. Bäume, die sich so stark verdreht haben in ihrem Wuchs, machen das nicht, weil sie lustig sind, sondern weil sie unter sich eine Wasserader haben und sie das mächtig stört. Sie versuchen sich irgendwie wegzuschrauben. Uns Menschen gefällt das nicht, weil wir wollen, dass alle Bäume in Reih und Glied stehen. Man braucht sich nur unsere Gärten anzusehen. Es gibt erzogene Gärten. Für mich sind das *verzogene* Gärten. Ich nenne sie einen Regenwurmfriedhof. Je grauslicher das Innenleben eines Menschen ist, desto gepflegter und schöner und gestutzter und gerader ist sein Garten. Je mehr ein Mensch in sich ruht und mit sich in Frieden und Einklang und in

Balance ist und auch mit seinen Mitmenschen, desto wilder schaut sein Garten aus. Da gedeiht alles. Da lässt man alles wachsen.

Eugen: Aber du kannst doch nicht alles wachsen lassen. Wenn du Hopfen im Garten hast und den wachsen lässt, ist es aus.

Roland: Es ist nicht aus.

Eugen: Der Hopfen ist bald überall. Ich hatte ihn einmal in meinem Garten. Das Zeug sticht und wächst wie verrückt.

Roland: Ja, aber deswegen ist es nicht aus.

Eugen: Aber mit dem Garten geht es zu Ende.

Roland: Jetzt sind wir beim springenden Punkt, auch bei der Erziehung: Wenn ich von meinem Garten einen Nutzen haben möchte, etwa dass er mir einen guten Ertrag einbringt oder schlichtweg nur mein Auge erfreut, dann muss ich ihn erziehen, ihn formen, wie ich ihn haben will. Wenn ich guten Wein machen möchte, dann muss mein Weingarten so aussehen, wie Weingärten eben aussehen, in Reih und Glied, gestutzt, die Reben zusammengezwickt und mit Draht befestigt.

# Kein Ruhmesblatt oder wie man lernt, in Zweierreihen zu gehen

*von Eugen Maria Schulak*

Was geschieht, wenn ein junger Mann, ein Student der Philosophie und leidenschaftlicher Musiker, der in seinem Leben vor allem Bücher gelesen und Gitarre gespielt hat, sich dazu entschließt, drei Nachmittage die Woche eine Gruppe von 28 Zehnjährigen zu betreuen, einfach, um eine Zeit lang Erfahrungen zu sammeln, etwas über die Menschen zu lernen und dabei – vermeintlich spielerisch – ein wenig Geld zu verdienen? Nun, der junge Mann, der selbst als Einzelkind aufgewachsen war und der auch sonst kaum Kinder in der näheren Verwandtschaft hatte, mit denen er regelmäßig spielen konnte, ist zunächst einmal sehr neugierig gewesen. Er beobachtete alles ganz genau. Er kannte ja Kinder kaum, hat noch selten mit ihnen zu tun gehabt. Und so sieht er ihnen erst einmal aufmerksam zu, versucht sich ihre Namen zu merken, findet die kleinen Wollknäuel mit ihren bunten Jacken und Hosen aber innerhalb von Stunden süß und knuffelig, kann ihnen kaum böse sein, ist viel eher amüsiert als ärgerlich, wenn sie sich balgen wie die jungen Hunde. Er betrachtet sie als kleine lustige Tierchen und muss selbst am meisten lachen, wenn eines dieser Wesen die Augen rollt wie Louis

Armstrong und das Lachen aus ihm herausplatzt wie ein Kasperl aus der Scherzdose. Und dann ist er wieder ganz betrübt, wenn jemand weinen muss, beleidigt ist, sich verletzt hat und versucht, so gut es geht, zu trösten und zu vermitteln. Keine Frage, der junge Mann hat Kinder sehr gerne. Und die Kinder mögen ihn ebenso.

So weit, so gut. Wenn da nicht ein Problem aufgetaucht wäre: „Herr Schulak", so die gestrengen Worte des Herrn Erziehungsleiters, des Chefs vom Halbinternat, „so geht das nicht weiter. Wenn hier nicht mehr Ordnung und Disziplin einzieht, können wir Sie hier nicht brauchen. Sie können die Kinder nicht einfach machen lassen, was sie wollen. Die Hälfte von Ihren Schützlingen macht am Nachmittag keine Hausaufgaben. Die Kinder sind verschwitzt und schmutzig, wenn sie von ihren Eltern am Abend abgeholt werden. Und beim Mittagessen, das klappt auch nicht wirklich. Da müssen Sie sich etwas einfallen lassen, aber rasch." Das war sechs Wochen nach Schulbeginn, nachdem ich die Kleinen zum ersten Mal gesehen hatte. Ihre Namen hatte ich mir bereits gemerkt. Erlebt hatten wir auch schon so einiges. In dem kleinen Wäldchen, das zum Schulareal gehörte, um das eine hohe, weiß verputzte Ziegelmauer gezogen war, hatten wir uns versteckt und wieder gefunden, waren gemeinsam Bällen und Frisbee-Scheiben nachgelaufen und über die Büsche gestolpert. Wir hatten uns, insgesamt betrachtet, bereits eine beachtliche Menge an blauen Flecken geholt und uns die Hosen beim Fangerl-Spielen gründlich abgewetzt. Lustig war es allemal und alles andere als langweilig. Aber was uns offensichtlich keine Freude bereitete, war in Zweierreihen zu gehen und Hausaufgaben zu machen. Langsam dämmerte mir, dass die Eltern ziemlich viel Geld dafür bezahlt hatten, damit ihre Kleinen mit schönen Schulheften, mit säuberlichen Hausaufgaben am Abend bei ihnen abgeliefert werden. Und langsam begann ich auch einzusehen, dass sich die Zweierreihe nicht vermeiden ließ, nicht in dieser Schule, wo es üblich war, dass 700 hungrige Kinder nahezu gleichzeitig in einen Speisesaal marschieren – und Kinder benehmen sich nach sechs Stunden Unterricht wie Raubtiere, vor allem, wenn sie ihre Zwetschkenknödel oder ihr Schnitzel schon durchs ganze Haus riechen können. Eine Zweierreihe. Ich kann mich noch gut an das beklemmende Gefühl erinnern, das mich überfallen hat, als dann eine Woche später tatsächlich alle meine Kinder brav in Zweierreihen hinter mir hergegangen sind und der Herr Erziehungsleiter mir wohlwollend und anerkennend zugenickt hat. Du meine Güte, das war „spooky", wie man in Amerika sagt. Wie es dazu kommen konnte?

Vorweg noch Folgendes, das man sich einmal vorstellen muss: Gut zwei Dutzend Zehnjährige werden aus ihren Elternhäusern entfernt und müssen zum ersten Mal in ihrem Leben den ganzen Tag ohne ihre Eltern, ohne ihre Geschwister, ohne ihr Kinderzimmer, ohne ihre angestammten Spielsachen mit wildfremden anderen Kindern auskommen. Manche sind aufgrund der ungewohnten Situation ziemlich aggressiv geworden. Andere haben still vor sich hin geweint, weil sie schlichtweg Heimweh hatten. Alle haben mir erzählt, warum sie hier sind: weil ihre

Eltern etwas sehr Wichtiges tun müssten, im Ausland sind, auf Tournee, wo auch immer, aber eben keine Zeit hätten. Überhaupt war es so, dass man sich gegenseitig mit der Wichtigkeit der Eltern zu übertreffen versuchte. Die wichtigsten Eltern waren jene, die man überhaupt nie zu Gesicht bekam. Und in der Tat: Es war eine geschlossene Anstalt, die niemand unerlaubt verlassen durfte, in der man sich einen Passierschein besorgen musste, wenn man vor dem Abend das Areal verlassen wollte. Es gab zwei Portiere, die alles überwachten. Einige der Kinder, wohl die robustesten, machten sich nichts daraus und blieben fröhlich. Aber die meisten waren dann und wann bedrückt, sodass ich mich stets bemüßigt fühlte, sie aufzuheitern und zu trösten. Viele haben mir wirklich leid getan. So gut wie alle litten unter dieser Willkür, unter diesem willkürlich-schicksalhaften Zusammengewürfeltsein. Niemand kannte den jeweils anderen, das heißt, es gab noch kaum Freundschaften. Dafür gab es Feindschaften en masse, Spott, bösen Scherz und ab und zu auch eine Tracht Prügel. Wenn jemand verprügelt wurde und ich konnte es nicht verhindern, weil ich etwa zu dieser Zeit auf dem Klo war, fiel die Haftung für die Folgen auf mich zurück. Die Situation war also ernst, aus vielerlei Gründen. Zwei Tage lang habe ich mit den Kindern all die Gründe diskutiert, die dafür sprechen, warum es in diesem Gebäude und in dieser speziellen Situation, die uns nun alle einmal betrifft und die wir nicht ändern können, notwendig ist, zwei, drei Mal am Tag in Zweierreihen zu gehen. Offensichtlich waren meine Argumente nicht überzeugend genug, wahrscheinlich deshalb, weil ich selbst nicht sonderlich von ihnen überzeugt war. Bis mir etwas einfiel.

Am dritten Tag sind wir am Nachmittag in einen abgelegenen Trakt des Gebäudes gegangen, den noch keiner der Kinder kannte, wo es ruhig und etwas finster war. Der Turnunterricht war ausgefallen, sodass es nahelag, etwas Sport zu betreiben. Und dann sind wir es angegangen, aber wirklich hart. Wir sind die fünf Stockwerke in Zweierreihen hinauf- und hinuntergegangen, aber nicht einmal. Ich kann mich nicht mehr erinnern, wie oft wir da hinaufgestiegen sind, jedenfalls bis zur totalen Erschöpfung aller Beteiligten. Ich habe gebrüllt, sodass sie zum ersten Mal Angst vor mir hatten. Manche hatten Tränen in den Augen. Andere wiederum wurden ehrgeizig und wollten sich gegenseitig im Stiegensteigen übertreffen. Einige stießen leise Flüche aus oder wollten sich heimlich davonstehlen. Wieder andere wurden ehrfürchtig und sahen mich voll Bewunderung an. Es waren jedenfalls Blicke, die ich niemals zuvor von Kindern zu Gesicht bekommen hatte. Nach einer Dreiviertelstunde war der Spuk vorbei. Ich hatte mir den kollektiven Hass der Gruppe zugezogen, so glaubte ich. Es war ziemlich still. Aber dann, in der Folge, war die Zweierreihe kein Problem mehr. Zwei Tage später ist einer der Buben, der so etwas wie ein angehender Anführer war, zu mir gekommen und hat gemeint: „Also das, Herr Schulak, hätten wir Ihnen nicht zugetraut. Das war schon ziemlich cool, das mit dem Stiegensteigen.“ – „Wow“, habe ich mir gedacht, „was bin ich für ein Arschloch.“

# Über den berechnenden Nutzen

Roland: Kann es sein, dass wir unsere Kinder auch deswegen erziehen, damit sie eine Funktion, einen Nutzen für uns haben?

Eugen: Das ist mit Sicherheit so. Es gibt eine berühmte Radierung, eine Illustration, die sich in vielen Pädagogikbüchern findet und schon ziemlich alt ist. Da siehst du einen jungen Baum und daneben einen runden Balken, der in die Erde eingelassen ist.

Du siehst diesen jungen Baum, der auf der einen Seite schon ein bisschen wegwachsen wollte und dann doch wieder zurückgebunden, zurückgezogen wird. Er ist unten, in der Mitte und oben mit einem Seil fixiert, sieht wie ein Obstbaum aus, der in einer Baumschule steht. Unsere Erziehung, die Schule, dieses Abrichten dient maßgeblich dazu, dass der Mensch nutzbar wird, für die Arbeit und auch fürs Militär. Eine Fabrik, ein großes Bürogebäude, eine Armee sind nicht denkbar ohne eine Menge an gleichförmig ausgerichteten und abgerichteten Menschen. Erziehung macht für diesen Zweck viel Sinn.

Roland: Aber dieser Zweck dient nicht dem Individuum.

Eugen: Ja, da stimme ich dir zu, dafür dient er aber einer Sache, einer kollektiven Vorstellung, einer Gesellschaftsform, einem System.

Rahim: Die schlimmste und wahrscheinlich überwiegende Bedeutung von Erziehung ist die Abrichtung, wie bei einem Schoßhündchen. Das lässt sein Lackerl nicht auf den Teppich. Das funktioniert. Wenn die Tante zu Besuch ist, dann sitzt das Kind ruhig da, womöglich stundenlang. Es ist gut abgerichtet. Es macht keine Sorgen, keine Probleme, bringt gute Noten nach Hause. Alles wie es sein soll. Das ist Abrichtung, wie bei einem Haustier. Ich meine, zu früheren Zeiten war schon die Altersvorsorge der Eltern ein sehr starker Beweggrund dafür, Kinder zu haben. Dies findest du immer wieder, dass du hoffst, das, was du in dein Kind investiert hast, später einmal wieder rauszubekommen, wie bei einer Kapitalanlage.

Roland: Man hat Besitzansprüche.

Rahim: Genau. Wie bei einer Milchkuh, die man pflegt und füttert. Und irgendwann soll sie dann reichlich Milch geben.

## Aus meinem Vortrag (1)

*von Roland Düringer*

Erziehung ist eine von der Gesellschaft anerkannte, sogar geförderte Foltermethode, mit der man das eigene Unglück oft nicht bewusst und in böser Absicht, aber doch höchst erfolgreich an die Kinder weitergibt. Denn wo kämen denn sonst all die vertrottelten Erwachsenen her. Egal, als was und mit welchen Talenten gesegnet du auch auf die Welt kommst, die Erziehungsberechtigten machen dich ihnen gleich. Oft ist Erziehung nichts anderes als eine falsche Programmierung und damit der erste Schritt, um aus einem glücklichen, göttlichen Leben einen zornigen, gebrochenen, alten Trottel zu machen …

## Über das Essen und die Bequemlichkeit

Rahim: Da gibt es leider ein Grundproblem. Der Mensch, wenn er auf die Welt kommt, ist allein nicht überlebensfähig. Wenn man das Baby lässt, wie es ist, stirbt es relativ schnell. Es kann sich noch nicht selbst versorgen. Es weiß auch nicht, was gut für es ist, außer bei bestimmten instinktiven Handlungen. So etwa, wenn es die Muttermilch nachfragt. Das ist eine instinktive Handlung, die richtig ist.

Roland: Also die wichtigsten Dinge, die kann auch ein Säugling. Diese Programmierung hat er sehr wohl, oder?

Rahim: Das Problem ist, dass unsere Instinkte für eine Umwelt programmiert sind, in der wir nicht mehr leben. Das zeigt sich vor allem bei unseren Geschmäckern. Was Kindern schmeckt, ist nicht unbedingt immer das, was ihnen guttut. Das ist eine bittere Tatsache.

Roland: Das ist eine Entwicklung, die erst in den letzten hundert Jahren stattgefunden hat, oder?

Eugen: Erst seit es das extreme Zuckerzeug gibt. Früher gab es ja keine Marshmallows, die man heute überall kaufen kann.

Rahim: All diese Dinge sind schnelle Energielieferanten, die dein Überleben sichern können. Wenn du im Dschungel ein Zuckerl findest, schlingst du es am besten gleich runter.

Roland: Ein Marshmallow und du bist fein raus, vollkommen richtig.

Rahim: Das ist eine Überlebenschance. Damit hast du die Energie, um wegzulaufen, wenn irgendein Viech kommt und dich fressen will. Du läufst, dein Blutzuckerspiegel ist niedrig. Du hast schon einen Tag lang nichts gefunden, nichts gefangen. Wenn irgendetwas Süßes, Prächtiges irgendwo herumliegt, dann reißt du es am besten gleich an dich und verschlingst es sofort, bevor es dir irgendwer wegschnappt.

Roland: Genau.

Rahim: Deswegen schmeckt das Zuckerzeug auch gut, weil dein Körper sagt: „Energie, super, schnell, schnell ins Blut." Doch für den Körper ist es letztlich schlecht, wenn er diese Sachen immer zur Verfügung hat. Deswegen ist es auch ein Problem, wenn du deinem Kind sagst: „Ich bringe dir alles, was es im Supermarkt zu essen gibt. Ich baue es vor dir auf, und du findest dann selbst heraus, was dir guttut."

Eugen: Na gratuliere!

Roland: Sicher hundertprozentig das Falsche. Aber jetzt frage ich mich: Warum gibt es dann diese Sachen im Supermarkt?

Rahim: Weil sie funktionieren.

Roland: Mein lieber Freund, der Hermann Knoflacher, den ihr ja schon kennt, der das Buch „Virus Auto" geschrieben hat, meint, dass etwas ganz Ähnliches wie beim Zucker auch beim Autofahren geschieht. Jedes lebendige System hat offenbar eine spezielle evolutionäre Programmierung in sich, die zum Überleben dient, nämlich mit einer gewissen Energie möglichst weit zu kommen. Sobald diese Energie zur Verfügung steht, kämpfen wir um sie. Bei Tieren ist es einfach: Wenn es ums Fressen geht, gibt es keinen Spaß mehr. Da wird oft auch getötet, um Energie zu bekommen. Ganz ähnlich ist das beim Autofahren. Obwohl dein Verstand dir sagt, dass es eigentlich völlig vertrottelt ist, mit einem Auto durch die Stadt zu fahren, wo du doch zu Fuß fast genauso schnell bist, noch dazu an Geschäften vorbeikommst, wo mit dem Rad zu fahren viel schneller ist als der öffentliche Verkehr, gibt es etwas in uns, das unserem Verstand sagt: „Was du denkst, das gilt nicht." Das ist die Energiebilanz. Ein System in dir erkennt, dass du beim Autofahren mit wenig eigener Energie sehr weit kommst. Das ist dasselbe wie mit dem Zuckerl. Nur es ist eine falsche Rechnung.

Rahim: Das Problem ist: Dein Gehirn ist so geschaltet, dass dich das Zu-Fuß-Gehen einfach nervt, wenn du eine Alternative kennst, die dir dabei hilft, Energie zu sparen. Außer bei einer Wanderung, die du freiwillig und zu Erholungszwecken unternimmst. Aber da ist ja der Weg selbst das Ziel.

# Aus meinem Vortrag (2)

*von Roland Düringer*

Mit seinem Namen bekommt das kleine Leben noch etwas anderes umgehängt: einen leeren Rucksack, den man dann Stück für Stück mit seiner Geschichte füllt, jener Geschichte, die man eines Tages fälschlicherweise als „mein Leben" bezeichnen wird. Das Erste, was für diesen Rucksack gesammelt werden muss, sind Erfahrungen, weil jedes lebende System, egal ob Einzeller oder Mensch, sich nur durch äußere Erfahrungen entwickeln kann. Erfahrungen bilden die Verschaltungen in unserem Gehirn. Die Programmierung beginnt. Das war auch beim Neandertaler so. Das Erste, was er zu lernen hatte, war die direkte Verbindung von Sehen und Handeln. – „Ui, ein Säbelzahntiger, laufen, besser: schnell laufen, noch besser: rechtzeitig laufen, am besten noch bevor einen der Säbelzahntiger entdeckt hat."

Der direkte Zusammenhang von Sehen und Handeln ist uns ziemlich verloren gegangen. Etwas zu sehen heißt heute nicht gleichzeitig auch schon zu handeln, sondern es heißt, zuerst einmal nachzudenken, wie man denn handeln könnte; oder überlegen, wen man denn fragen könnte, ob man so handeln darf, wie man glaubt; oder lieber gar nicht handeln, denn wer nicht handelt, der kann ja angeblich auch nichts falsch machen; oder falsch handeln, einfach aus Blödheit …

# Erziehung als Vorleben von lebenswichtigen Verhaltensweisen

Roland: Wenn Erziehung so wichtig ist, wie alle glauben, dann frage ich mich, wie denn die Menschen in der Steinzeit überleben konnten.

Rahim: Mit Sicherheit wurden auch die Babys der Neandertaler von ihren Müttern gut versorgt, lebten ganz eng bei ihnen und konnten so auch ihre Angewohnheiten übernehmen.

Roland: Aber sie wurden nicht erzogen. Das konnten die Neandertaler in diesem Sinne ja noch nicht.

Eugen: Erziehung ist immer auch die Vermittlung von lebenswichtigen Verhaltensweisen. Ich bringe ein Beispiel für eine Verhaltensweise, die ein lieber Freund von mir, ein ungarischer Psychologe, zum Wohl seiner Patienten ständig praktiziert. Im Laufe seines langen Lebens ist er auf Folgendes draufgekommen. Er hat bemerkt, dass so ziemlich alle Leute, die zu ihm in die Praxis kommen, zwei Hauptfehler machen: Sie trinken zu wenig und sie atmen zu flach. Sie sind „vertrocknet", wie er sagt, und „nicht ordentlich belüftet". Es ist immer das Gleiche, meint er. Und so hat er im Behandlungsraum seiner Ordination stets eine große Thermoskanne mit Kräutertee vor sich stehen und ein paar saubere Teehäferl. Ihm gegenüber sitzt der Patient, der irgendwie zerknirscht ist, wie die Leute halt so sind, die zum Psychologen müssen. Und dann beginnt er gut zu atmen und zu trinken.

Roland: Er macht das?

Eugen: Ja, er zeigt und lebt das den Leuten vor. Das macht er sehr geschickt natürlich. Und die Patienten machen es ihm nach. Nach einer gewissen Zeit beginnen sie ganz von alleine tiefer zu atmen und zu trinken, weil sie beobachten können, wie ihr Ratgeber selbst zufrieden vor sich hin atmet und trinkt. Er sagt, er kann dann am Muskeltonus der Leute sehen, wie sie ihre neurotischen Vibrationen abstellen und ruhiger und entspannter werden. Das ist die halbe Miete, behauptet er. Die Patienten sind schon halb gesund, wenn sie das machen. Dann erst fängt er mit ihnen zu reden an.

Roland: Ist das erziehen?

Eugen: Freilich, auch das ist erziehen. Es ist ein gutes Beispiel dafür, wie es richtig geht.

Roland: Ja, genau. Das heißt, er sagt ihnen nichts vor. Er sagt nicht: „Atmen Sie jetzt einmal ruhig!", „Trinken Sie noch etwas!" Er tut es einfach. Das ist der Unterschied zu: „Sitz gerade!", „Hast du schon die Zähne geputzt?" Denn das macht böse. Durch diese Erziehung hörst du auf, gut zu atmen und ausreichend zu trinken.

# Aus meinem Vortrag (3)

*von Roland Düringer*

Das Schöne an unseren Erfahrungen ist, dass sie letztendlich eine Erkenntnis bedeuten. Darum sagt man ja auch: Aus Erfahrung lernt man. Das kann jeder wunderbar an sich selbst beobachten. Sollte jemand von Ihnen in jungen Jahren eine Torheit begangen, zum Beispiel mit Drogen experimentiert haben … Ich denke, da können wir uns ja alle ein wenig bei der Nase nehmen, oder? Zumindest beim Alkohol. Wobei Alkohol in dem Sinn ja keine Droge ist. Alkohol ist ja nur … also … keine Droge im rechten Sinn. Lediglich ein Narkotikum und vor allen Dingen legal. Alkohol hat auch etwas mit Kultur zu tun, mit Geselligkeit, hat etwas Soziales und ist ja auch gegen den Durst zum Beispiel …

Also, ich jedenfalls habe in jungen Jahren meine Erfahrungen mit Alkohol gemacht. Mein erster Vollrausch war im Alter von etwa 14 Jahren. Ribiselwein. Wie es einem nach einem Liter „Adabei“ ergeht, muss ich wohl nicht näher erläutern. Ich musste mir am nächsten Tag den Wein noch einmal langsam durch den Kopf gehen lassen und wollte am WC versterben. Mir ging's wirklich erbärmlich, aber so richtig grauslich. Und wenn man diese Erfahrung macht und dabei erkennt, wie man seinem Geist und seinem Körper schadet, welche Entgiftungsvorgänge dabei im Organismus vorgehen, wird man natürlich nie wieder in seinem Leben Alkohol zu sich nehmen. Denn: Erfahrung bedeutet immer Erkenntnis …

Das wäre wohl so, als ob wir Neandertaler wären oder Fadenwürmer. Nachdem wir aber die weisen Menschen sind, schaltet sich bei uns sofort oder zumindest einige Tage danach der Verstand ein und sagt: „Des muaß gehen …" Und so probieren wir es oft ein Leben lang und es geht nie. Wobei es manche auch schaffen. Die saufen wie die Löcher und es geht ihnen wirklich gut dabei. Denen geht's meistens nur nicht so gut, wenn sie *nicht* saufen. Und weil dieses Prinzip von Erfahrung und Erkenntnis bei uns nicht mehr so gut funktioniert, hat der moderne Mensch ein Instrument erfunden, das dem Kind die eigenen Erfahrungen erspart und ihm das Wissen einer ganzen Zivilisation offenbart, oder besser gesagt: aufzwingt.

# Über das bewusste Begleiten zu einer Erfahrung hin

Roland: Erziehen ist wirklich ein hässliches Wort. Aufziehen, jemanden aufziehen ist hingegen etwas sehr Schönes: Das heißt so viel wie helfen, behüten und beschützen.

Rahim: Das Ziel ist, dass du stehen kannst.

Roland: Genau. Das ist aufziehen: jemanden wachsen, jemanden gedeihen lassen.

Eugen: Jemanden füttern und streicheln.

Roland: Wenn man ein kleines Reh im Wald findet, probiert man es aufzuziehen. Aber ich würde niemals sagen: „Das erziehe ich jetzt." Gestörte machen das. Ein Wildtier kannst du nicht erziehen. Einen Hund hingegen, den kannst du erziehen, den kannst du abrichten. Auch wenn du jemanden zu einem Kunstflugpiloten ausbilden willst, musst du ihn abrichten. Da geht's ums Überleben. Der muss parieren, aber um ihn zu schützen. So gesehen ist das Abrichten für mich in Ordnung, wenn ich jemanden schütze. Wenn ich aber nur deshalb jemanden erziehe, damit er mir selbst oder einem System oder einer Gesellschaft guttut …

Eugen: … dann ist es Manipulation.

Roland: Das ist etwas ganz, ganz anderes.

Eugen: Also könnte man sagen: Erziehung, positiv verstanden, ist immer im Sinne und im Dienste des anderen. Negativ verstanden ist Erziehung auf den Vorteil des Erziehenden bedacht.

Roland: Genau.

Eugen: Als ich klein war, gab's in der Wohnung meiner Eltern einen Koksofen, einen eisernen Kamin, der im Winter glutheiß geworden ist. Mein Vater, der den Ofen betreut und den Koks vom Keller immer raufgeschleppt hat, wollte natürlich nicht, dass

ich mich verbrenne. Und so ist er mit mir zum Ofen gegangen, hat meinen Finger genommen und hat gesagt: „Schau, das ist sehr heiß. Da darfst du nicht hingreifen.“ Und dann hat er meine Fingerspitze ganz kurz aufs heiße Eisen gedrückt – „Zzzzt“ – „Ah, aua!“. Gut, war nicht so schlimm, aber ich habe erkannt, was so ein Ofen eigentlich ist und kann. Mein Vater hat mich die ganze Zeit gehalten und hat das sehr liebevoll gemacht.
Also ich habe nicht das Gefühl gehabt, er verbrennt mich jetzt oder will mir schaden. Ich habe verstanden, dass der Ofen wirklich heiß ist, und

habe mich in meiner Kindheit in der Folge auch nie an ihm verbrannt. Die größte Angst meiner Mutter und meiner betulichen Tanten war, dass ich da mal reinfalle und von oben bis unten eine einzige Brandblase bin.

Rahim: Das ist abrichten.

Eugen: Ja, und mein Vater hat's richtig gemacht.

Rahim: Ähnliches musst du auch beim Erlernen von gefährlichen Sportarten tun. Wir haben das beim Fliegenlernen schon erwähnt. Beim Schießen ist es ebenso offensichtlich. Wenn du einen guten Schießlehrer hast, so richtet er dich ab, dass dir gewisse Dinge nie wieder in den Sinn kommen. Der Lauf muss immer nach vorne zeigen. Das prägt er dir so ein, dass er dich anschreit, wenn du es nicht machst. Auch wenn die Kugel draußen ist. Das ist vollkommen egal.

Roland: Im Grunde ist das alles ein bewusstes Begleiten zu einer Erfahrung hin, ein Dich-Hinführen zu einer Erfahrung.

Eugen: Genau.

Roland: Pass auf: Ich habe da einen Freund, der ist Nichtraucher und er trinkt auch keinen Alkohol. Irgendwann einmal haben wir so geredet und ich frage ihn: „Warum trinkst du eigentlich nicht?" Sagt er: „Das hat mir mein Vater abgewöhnt." Sage ich: „Aha! Wie denn?" Sagt er: „Ganz einfach. Ich war zwölf. Mein Vater hat gesagt: ‚Bald wird es so weit sein, dass du sagst, ich will Alkohol trinken, ich will rauchen. Das brauchst du nicht heimlich zu machen, gar nicht. Wir zwei machen das jetzt. Wir setzen uns jetzt zum Tisch.' Und dann hat der Vater einen Doppelliter Wein hingestellt und eine Schachtel Marlboro und gesagt: ‚So, jetzt gehen wir es an.'" Er hat immer wieder nachgeschenkt. Der Bub hat zwei, drei Tage nur gespieben. Das hat sich sein Körper derart gemerkt, dass er später nie wieder auf den Gedanken gekommen ist, Alkohol in sich hineinzuleeren oder zu rauchen. Heute sagt er, dass das super gewesen ist. Also ich weiß nicht, ob ich mich das als Vater trauen würde. Das kann ja auch schiefgehen, obwohl es eigentlich ein vollkommen richtiger Weg ist. Das ist ähnlich wie die Geschichte mit dem Ofen, die Eugen erzählt hat. Ähnlich läuft es auch in Kulturen ab, die der Natur noch näher sind, wo es Initiationsrituale gibt, die du durchleben musst. Dort wirst du in der Finsternis ausgesetzt, musst tagelang im Dschungel nur mit einem Messer überleben. Vielleicht schaffst du es nicht. Aber man setzt so viel Vertrauen in dich, dass du es schaffen kannst. Wenn du es schaffst, kommst du als ein anderer zurück. Dann bist du ein Erwachsener. Ich glaube, das ist etwas, was uns heutzutage sehr fehlt.

Rahim: Geschützte Grenzerfahrungen.

Roland: Dass du weißt, du musst über Grenzen gehen. Leben ist immer ein Grenzüberschreiten.

Eugen: Die Matura ist auch so etwas. Dass du an einem Tag in drei mündlichen Fächern vor all deinen Lehrern, dem Direktor und noch einem fremden Direktor eine Performance liefern musst, frei sprechen musst, noch dazu im Anzug. Das ist ebenso eine Mutprobe.

Roland: Das ist die absolute Pimperl-Variante von einer Mutprobe.

Rahim: Genau.

Roland: Im Park, im 10. Wiener Gemeindebezirk, da hat es Mutproben gegeben, die deutlich ärger waren. Da haben die zu dir gesagt: „Traust di? Na komm, spring", oder: „Geh zu dem hin und sag: ‚Willst a Watschn?'" Das sind wirkliche Mutproben, weil da geht's ans Eingemachte. Also ich kann mich an größere Mutproben erinnern als meine Matura, muss ich ganz ehrlich sagen.

Eugen: Hör zu: Ich hab' vier Mal maturieren müssen …

Roland: Okay … aber ich meine Initiationsriten, bei denen es wirklich ums Überleben geht. Offenbar haben wir eine Sehnsucht nach solchen Ritualen, weil sonst würde es ja diese Extremsportarten nicht geben, bei denen die Chance besteht, dass du es nicht überlebst: Paragleiten, schnell Motorrad fahren, Fallschirm springen, Bungee Jumping. Es gibt so vieles, bei dem man dann gestärkt hervorgeht. Das ist wirklich ein Übergang, eigentlich ist es ein Übergang in ein anderes Leben.

Eugen: Das ist eine Metamorphose. Das ist so, als ob die Puppe aufbricht und der Schmetterling herauskommt.

Rahim: Das Problem ist nur: Du kannst das nicht künstlich simulieren. In einer Naturgesellschaft hast du mit deinem Vater tatsächlich in der Natur gelebt. Und wenn er dich dann hinaus in die Wildnis geschickt hat, hast du vorher schon einiges von dieser Wildnis mitbekommen. Dann kannst du es auch alleine schaffen. Wenn jemand, der hier in Wien lebt, sein Kind in den Wald schicken und warten würde, bis es von alleine wieder zurückkommt, wäre das vollkommen absurd. Heute gibt es solche Rituale in anderer Form: Bei wohlhabenden Familien wird es immer mehr Sitte, dass die Kinder nach der Matura für ein Jahr in ein anderes Land ziehen und dort leben. Das löst einiges aus. Das erste Mal müssen sie selber kochen, einkaufen, einen Haushalt führen, sind ganz auf sich allein gestellt. Mama ist nicht da. Da hört man oft, dass das prägende Erfahrungen waren.

Roland: Auch das ist Erziehung, aber eine Erziehung ohne Worte, nämlich dass man selbst in einer Situation, die man noch nicht kennt, Entscheidungen treffen muss, möglichst richtige Entscheidungen. Das ist ganz, ganz wichtig. In Wirklichkeit ist es ja so, dass wir das, was wir in der Schule tun, nicht deswegen tun, weil wir es tun wollen oder deswegen, weil wir erkennen, dass es für uns wichtig ist. Sondern wir tun es, um Lob zu bekommen oder nicht getadelt zu werden. Das ist, als ob man ein Zirkustier abrichtet. Wenn es alles richtig macht, gibt es ein Zuckerl, sonst nicht. Das heißt, wir machen viele Dinge nur für diese Zuckerl oder um keine Schläge zu bekommen. Wenn du einen störrischen Esel antreiben willst, kannst du dir überlegen, ob du ihm hinten eine raufprackst oder vorne eine Karotte hinhältst. Der Trottel ist für mich immer derjenige, der die Karotte hinhält, und genauso derjenige, der hinten raufprackt. Der Gescheite ist immer der Esel.

# Reifeprüfung

*von Eugen Maria Schulak*

Ich habe die Schule gehasst, aus vielerlei Gründen. Ich habe sie geschwänzt, wo ich nur konnte. Bin auch ab und zu davongelaufen und war für ein, zwei Wochen spurlos verschwunden. Aber ich hab's irgendwie durchgestanden, vor allem meiner Mutter zuliebe. Zum Schluss war es dann besonders arg. Ich habe insgesamt vier Mal zur Matura antreten müssen. Drei Wochen vor dem ersten Mal habe ich eine Hodenkrebs-Diagnose gehabt, die sich dann Monate später als falsch herausgestellt hat. Die Folge war, dass ich in allen Gegenständen, bis auf Gitarre, Musik, Philosophie und Deutsch, durchgefallen bin, weil ich mir gedacht habe: Wenn sie mir schon meine Hoden abschneiden, dann brauche ich auch keine Matura mehr. Das zweite Mal bin ich in allen Gegenständen durchgekommen, nur nicht in Mathematik. Der Grund war: Mein Mathe-Lehrer, der der Prototyp von einem Arschloch war und mich gehasst hat, weil ich ihm damals als Klassensprecher das Leben schwer gemacht habe, hat mich bei der Matura das trigonometrische Beispiel an der Tafel seelenruhig seitenverkehrt aufzeichnen und rechnen lassen. Und dann hat er gesagt: „Das war leider falsch. Wir sehen uns im nächsten Jahr." Das war eine echte Schweinerei. Er hätte mich laut Schulunterrichtsgesetz sofort, also gleich zu Beginn beim Zeichnen an der Tafel, darauf hinweisen müssen, dass ich hier seitenverkehrt unterwegs bin. Das hat er aber nicht getan. Dass es diese Regel überhaupt gibt, darauf bin ich erst 15 Jahre später draufgekommen. Alle Lehrer und die zwei Schuldirektoren haben zugesehen, so lange, bis die vorgeschriebene Zeit vorbei war. Ich war damals der Einzige in der Schule, der lange Haare gehabt hat. Und ich kann mich an diese schäbigen Grinsgesichter noch gut erinnern. Beim dritten Mal bin ich ebenso durchgefallen, weil ich aus Trotz einfach nichts mehr gelernt und mir gedacht habe: Wenn ich jetzt noch einmal durchfalle, dann ist das Martyrium vorbei. Und dann ist meine Mutter zum Stadtschulrat gegangen und hat noch ein viertes Mal für mich herausgeschunden, wegen der falschen Diagnose damals. Beim vierten Mal habe ich dann mit „Sehr gut" in Mathe maturiert, aber nicht bei diesem Lehrer, sondern bei einer Lehrerin, die man mir zugeteilt hatte und die mich persönlich nicht kannte. Dann habe ich gleich beide Beispiele gerechnet, die bei der Prüfung zur Wahl standen, und beide vollkommen richtig. Damals habe ich auch zum ersten Mal vorher gelernt, weil ich meine Mutter, die sich voll für mich eingesetzt hat, nicht enttäuschen wollte. Gebraucht habe ich das Zeug mein ganzes Leben lang nicht mehr. Ich hätte damals gute Lust gehabt, diese verfluchte Schule mit einem Benzinkanister abzufackeln. Ich war echt knapp davor. Ein Glück, dass ich es nicht getan habe.

# Über die Erziehung zur Unmündigkeit

Roland: Wo du auch hinschaust: Wir werden laufend dazu erzogen, Verantwortung abzugeben. Unsere Autos haben 27 Airbags, jede Menge Seitenaufprallschutz, einen Bremsassistenten, können selber einparken …

Rahim: … und mittlerweile kannst du sogar Autos konstruieren, die über die Navigation direkt gesteuert werden. Du rührst das Lenkrad gar nicht mehr an. Du setzt dich bloß rein und es fährt von alleine. Bald wirst du das wohl als Produkt kaufen können: das selbstfahrende Auto.

Eugen: Und wenn du dich hineinsetzt und keine Lust hast, dich anzuschnallen, dann gibt's unangenehme Geräusche, so lange, bis du dich angurtest. Das ist negative Konditionierung wie aus dem Lehrbuch: Du vermeidest einen unangenehmen Reiz, indem du ein gewünschtes Verhalten zeigst. Das sind Erziehungsmaßnahmen, die du mit dem Auto gleich mitkaufst.

Roland: Mittlerweile sind wir schon so wahnsinnig, dass wir uns von Geräuschen, Schildern oder Lichtern erziehen lassen. Das funktioniert aber nur, weil wir von klein auf darauf gedrillt werden, gewisse Dinge zu befolgen. Wenn du sie nicht befolgst, wirst du bestraft. Wenn du sie befolgst, erhältst du Lob. Das zieht sich mittlerweile durch unser ganzes Leben. Das heißt, dass wir eigentlich zur Unmündigkeit erzogen werden. Wenn du heute ein Kind hast und mit ihm auf einen Abenteuerspielplatz gehst, wo man auf Gerüsten und Seilen herumturnen kann und wo der Boden dick mit Rindenmulch belegt ist – und wenn dein Kind dann vom Gerüst fällt und sich ein Bein bricht: Was machst du da? Das Erste, was du sagst, ist: „Wem gehört der Spielplatz?"

Eugen: So ist es.

Roland: Ja. Früher hätten wir auch noch eine Ohrfeige bekommen. Nicht, dass das gut ist. Aber der Vater hätte genau gewusst, warum der Bub runtergefallen ist. Weil er nämlich nicht aufgepasst hat. Heute wird sofort jemand anderer zur Verantwortung gezogen.

Eugen: Dadurch werden wir dümmer.

Roland: Ja. Wir werden dümmer. Und wir werden auch feiger, weil wir keine Entscheidungen mehr selber treffen müssen. Wenn man eine falsche Entscheidung trifft, findet man immer jemanden, dem man sie umhängen kann.

Eugen: Also gibt es ein Zuviel an Erziehung. Sie schießt übers Ziel hinaus, sodass sie letztlich nicht das bewirkt, was sie bewirken will.

Rahim: Sobald das Auto zum Massenfortbewegungsmittel wird, hast du einen Durchschnittsfahrer. Und dieser Durchschnittsfahrer macht viele Fehler, hat technisch wenig Ahnung und auch wenig Zeit, sich mit dem Fahrzeug auseinanderzusetzen. Schön wäre es natürlich, wenn du dir, so wie es in den USA lange Zeit üblich war, dein Auto in der Garage selber bauen und damit auf der Straße fahren könntest. Solche Autos haben einen fantastischen Charakter. Und es geht unglaublich viel an Kultur verloren, dadurch, dass es jetzt verboten ist. Aber von der Sicherheit her, denken die meisten, wäre es ein Wahnsinn, wenn das jeder darf. Doch Durchschnittsfahrer tun das ohnehin nicht, nur Profis. Kollateralschäden bei den Mitmenschen zu verhindern, dafür wäre eigentlich das Recht da. Die heutigen Gesetze verbieten schon alles im Vorhinein, ohne dass es überhaupt Schadensfälle gibt.

Roland: Unlängst hast du etwas sehr Gescheites gesagt, das habe ich mir gemerkt. Dass wir in keinem Rechtsstaat leben, sondern in einem Gesetzesstaat. Die Aufgabe eines Rechtsstaats wäre, uns durch Rechte zu schützen und zu behüten. Habe ich das richtig verstanden?

Rahim: Ja, die Aufgabe des Rechtes ist es, Konflikte beizulegen, indem Schaden wiedergutgemacht wird. Das Hauptprinzip von Regeln und Strafen ist, Schaden gutzumachen und Schaden zu verhindern, und zwar dadurch, dass du Menschen erziehst oder ermutigst, die Konsequenzen ihrer Handlungen zu berücksichtigen. Aber nur insofern, als die Konsequenzen *andere* Menschen betreffen, sodass nur derjenige, der sein Auto in der Garage selbst baut und damit andere verletzt, weil es Mängel hat, bestraft wird. Wesentliches Ziel einer Rechtsordnung ist, diesen Schaden wiedergutzumachen und zu verhindern, dass er hinkünftig passiert. Aber nicht dadurch, dass du alles abriegelst und verbietest, sondern dadurch, dass du, wenn ein Schaden auftritt, den Verursacher voll haften lässt.

Roland: Das heißt aber, dass der Verursacher auch die finanziellen Mittel haben muss, um den Schaden wiedergutzumachen, oder zumindest so versichert ist, dass die Versicherung ihn wiedergutmacht. Ein Fahrzeug, das nicht für die Straße zugelassen ist, ist nicht versichert. Wenn ich mit meiner Motocross-Maschine ohne Nummerntaferl auf der Straße fahre und ich fahre in ein Auto rein, muss ich den Schaden selbst bezahlen. Und eine Strafe bekomme ich obendrein. Das weiß ich, wenn ich aufs Motorrad steige. Hingegen habe ich eine Versicherung, ist mir das relativ egal. Da muss ich weniger aufpassen. Ganz ähnlich ist das, wenn du zum Beispiel im Sommer bei schönem Wetter nur mit der Jeans, einem Leiberl und einer Sonnenbrille fährst. Da fährst du ganz anders, als wenn du mit dem Ledergewand fährst, was aber vollkommen absurd ist. Also diese dünne Lederhaut, unter der du dir genauso alle Knochen brechen kannst, gibt dir das Gefühl von Sicherheit. Genauso ist es, wenn du vollkaskoversichert bist. Da ist dir dein Auto relativ egal. Den Schaden zahlt ja die Versicherung. Dazu werden wir offenbar erzogen, dass wir das glauben. Doch der Schaden ist trotzdem da und muss repariert werden.

Rahim: Diese Entwicklung hin zu einer Verantwortungsabnahme hat für viele Menschen eine angenehme Nebenwirkung, nämlich dass sie die Folgen ihrer Handlungen selbst nicht mehr voll tragen müssen. Also da gibt es viel Nachfrage danach. Wenn man so möchte, leben wir ja in einer Welt der Infantilisierung, auch der selbst gewählten Infantilisierung. Wenn du Kulturen betrachtest, die den Erwachsenenstatus mit voller Konsequenz kennen, bemerkst du ein ganz anderes Verhalten. Von den Römern ist überliefert, dass es ein unglaublich bedeutsamer Akt, ein richtiges Ritual für sie war, wenn sie Verträge unterzeichnet haben. Denn sie wussten, wenn ich einen Vertrag unterzeichne, bin ich voll haftbar, und nach römischem Recht so weit haftbar, dass ich mich nicht mehr herausreden kann. Wer etwas nicht bezahlen konnte, musste so lange arbeiten, bis der Schaden wieder gut war. Denn es war ja seine freie Entscheidung, sich zu verpflichten. Interessant ist, dass die Ersten, die diese Regel aufzuweichen begannen, wohlmeinende Politiker waren, die sich als Frauenpolitiker verstanden. Sie wollten die Frau gewissermaßen schützen und haben eine Frauenschutzgesetzgebung erlassen, weil Frauen oft Verträge zwischen Tür und Angel unterschreiben, die ihnen nachher leid tun. Wenn der Staubsaugervertreter bei den Römern an der Haustür geläutet hat …

Roland: … was sicher oft der Fall war.

Rahim: Jedenfalls war die unmittelbare Folge dieser Frauenschutzgesetzgebung, dass man mit Frauen keine Verträge mehr abgeschlossen hat. Damit sind Frauen in den Status eines Kindes zurückversetzt worden. Hier sehen wir diese Doppelseitigkeit von Schutz einerseits und Verantwortungs- und Freiheitsverlust andererseits, was ja eng zusammengehört. Wer volle Freiheit hat, muss auch volle Verantwortung tragen, und das kann im Endeffekt ziemlich bitter sein. Heute versucht man die Menschen vor den Konsequenzen ihrer Handlungen zu schützen. Nur das Problem ist: Wenn sie geschützt sind, agieren sie anders. Und dann brauchst du jede Menge Regeln, um all den Blödsinn zu vermeiden, den Menschen nun mal tun, wenn sie das Risiko ihrer Handlungen und Entscheidungen selbst nicht voll tragen.

Roland: Also ein Trapezkünstler ohne Netz agiert anders als einer mit Netz?

Rahim: Im Regelfall stimmt die Logik dahinter nicht, dass auch weniger Unfälle passieren, wenn du die Dinge sicherer machst. Weil es den Effekt der Risikokompensation gibt.

Roland: Genau. Es gleicht sich aus. Der Hermann Knoflacher schreibt, dass die sicherste Straße, die man bauen kann, eine Allee-Straße wäre, die so breit ist, dass mit Müh und Not zwei Autos aneinander vorbeikommen. Bei einer solchen Straße musst du immer darauf achten, ob dir jemand entgegenkommt und dass du nicht in einen Baum reinfährst. Du fährst automatisch nur mehr 70. Das Risiko geht keiner ein, außer du bist ang'soffen. Dann hat man, weil es auf solchen Straßen klarerweise Tote gegeben hat,

angefangen, die Bäume wegzuschneiden und die Straßen zu verbreitern. Ab diesem Moment ist aber dort freie Bahn und die Geschwindigkeit der Autos wird so hoch, dass, wenn es scheppert, es aber so was von scheppert ... Das sind die Regulierungen. Das heißt, man probiert das Wasser zu erziehen.

## Gibt es eine Natur des Menschen?

Eugen: Was uns Menschen unter anderem auszeichnet, ist, dass wir uns aussuchen können, wie wir uns gegenseitig erziehen. Da gibt es viele Möglichkeiten. Bei den Tieren ist das anders. Eine Jaguarmutter etwa hat nicht die Möglichkeit, ihre Jungen mit unterschiedlichen Methoden zu erziehen. Wir hingegen kennen unterschiedliche Methoden. Und bei uns gibt es auch kein eindeutiges Erziehungsziel, weil man über die Ziele unterschiedlicher Ansicht sein kann. An den vielen Kulturen, die Menschen hervorgebracht haben, sieht man ja deutlich, dass es unterschiedliche Möglichkeiten gibt. Das heißt, wir haben keine Natur. Es gibt die Natur des Menschen nicht, zumindest nicht eindeutig. Wir sind so ein Mittelding aus

Tieren und halt irgendetwas anderem, was noch recht unklar ist. Friedrich Nietzsche hat einmal gesagt, der Mensch ist ein Seil, gespannt zwischen Tier und Übermensch, aber gespannt über einem Abgrund. Da muss man halt drübergehen. Und wir wissen nicht wirklich, wohin wir gehen sollen und was das Richtige ist. Wir müssen das permanent debattieren und abwägen und philosophieren darüber, weil es eben nicht klar ist. Deswegen geschieht unter anderem auch so viel Blödsinn, wie das, was wir eben besprochen haben, dass man eine enge Allee-Straße sicherer machen will, sie verbreitert, die Bäume wegschneidet, und dann ist sie genauso unsicher wie zuvor, vielleicht sogar noch unsicherer, bloß die schönen Bäume sind weg. Das ist ein unglaublicher Topfen. Die Termiten errichten ihre riesigen Bauten seit vielleicht Millionen von Jahren. Ich weiß es nicht. Diese Bauten sind jedenfalls perfekt, bis ins letzte Detail. Und dort kommt kein Rat der weisen Termiten auf die Idee, dass man das mit den Kammern jetzt auch einmal anders probieren könnte. Wenn sich bei denen etwas verändert, verändert es sich ganz, ganz langsam, über die Jahrtausende und Jahrmillionen hinweg. Da passieren relativ wenig Fehler. Wir hingegen verändern uns unglaublich schnell.

Roland: Dort gibt es Regeln, die sind zwar nicht aufgeschrieben, stehen aber trotzdem fest, sind einfach da. Wenn du sie nicht kennst, stirbst du. Wir hingegen haben jetzt Systeme, in denen alles aufgeschrieben ist, in denen es aber keine fixen Regeln gibt. Das heißt, es werden immer neue Regeln aufgestellt.

Eugen: Es ergibt sich eben nicht unmittelbar, welche die richtigen Regeln sind. Das ist ein permanentes Probieren. Ich denke, dass Natur und Kultur Gegensätze sind. Ich meine, dort, wo viel Natur ist, ist wenig Kultur. Und dort, wo viel Kultur ist, ist nur wenig Natur. Das verdrängt sich gegenseitig. Und wir Menschen, wir stehen dazwischen.

Rahim: Ich stimme da nicht ganz zu. Ich glaube, dass es eine Natur des Menschen gibt. Und ich glaube, es liegt in der Natur des Menschen, dass er ein Kulturwesen ist. Also dass der Mensch mehr Sinnbezüge schaffen kann als das, was ihm nur von den Ressourcen unmittelbar gegeben ist. Der Mensch hat eine schöpferische Qualität, ist ein schöpferisches Wesen. Ich halte die Differenzierung zwischen Kultur und Zivilisation für ganz brauchbar, noch nicht für perfekt, aber für einen brauchbaren Ansatz. Ich glaube auch, dass hohe Kulturen denkbar wären, die nicht diesen Grad an Zivilisiertheit aufweisen, weil sie als bewussten Entschluss naturgemäßer leben und nicht diesen Kampf fortführen, der eine Übertreibung ist, nämlich den Menschen vollkommen aus der Natur rauszunehmen. Ich glaube, dass das gegen die Natur des Menschen ist: zu einem überzivilisierten, in einem künstlichen Biotop lebenden Menschen zu werden. Auch unsere Formung innerhalb der Natur muss nicht gegen die Natur gerichtet sein. Ein interessantes Indiz dafür ist, dass Kulturlandschaften, wenn sie tatsächlich Kulturlandschaften und keine Zivilisationslandschaften sind, wie etwa Parkplätze, einen höheren Artenreichtum aufweisen als unberührte Gegenden. Auch der Mensch hat einen sinnvollen Platz in der Welt, aber als Kulturwesen. Das wäre für mich ein Hinweis, dass der Mensch, wenn er naturgemäß – seiner Natur und der Natur gemäß – die Natur nutzt, er sie nicht unbedingt zerstören, auslöschen oder durch etwas Schlechteres ersetzen muss, sondern daraus möglicherweise sogar etwas Besseres, Vollkommeneres, Vollständigeres machen kann.

Roland: Ich glaube, ihr habt im Prinzip das Gleiche gesagt. Der Unterschied ist, dass du, Rahim, davon ausgehst, dass wir Menschen sind. Eugen hingegen sagt, dass wir noch keine Menschen sind. Wir sind noch auf dem Weg zum Menschen. Es ist so viel in uns, was noch nicht fertig ist, was uns noch davon abhält, so klug und kultiviert zu agieren, wie es eigentlich möglich wäre.

Rahim: Also das Danaergeschenk der Menschen, wenn man so möchte, einerseits ein Geschenk, andererseits eine Verdammnis: die Freiheit. Dass du nicht in klaren, vorgegebenen und damit engen Bahnen lebst, die relativ wenig Spielraum lassen, sondern die Möglichkeit hast, auch einen Blödsinn zu machen.

Eugen: Ja, genau. Und deswegen kannst du nicht einfach so locker sagen, es gibt ein Wesen des Menschen oder eine Natur des Menschen, so wie es ein Wesen des Pferdes und ein Wesen des Leoparden gibt. Das ist viel enger. Beim Menschen ist dieses Wesen eher die Potenz, die Möglichkeit, was er alles tun kann. Das ist die Freiheit. Aber man kann nicht in einem Atemzug sagen: Natur des Menschen, Natur des Pferdes. Das ist etwas völlig anderes.

Rahim: Ich sage, es ist grundsätzlich ähnlich. Es gibt Dinge, die dem Pferd guttun, und Dinge, die dem Pferd nicht guttun. Das ist beim Menschen ähnlich. Nur beim Menschen kommt noch diese Vielfalt und Möglichkeit einer Individualität dazu, dass Menschen ganz unterschiedliche Lebensentwürfe leben können und dass es da keine endgültige Antwort gibt, was richtig und was falsch ist.

Eugen: Aber genau deswegen ist es ja so schwierig, von einer Natur oder einem Wesen des Menschen zu sprechen. Nehmen wir zwei konkrete Menschen her, den Bodybuilder und Schauspieler Arnold Schwarzenegger und den Komponisten und Sänger David Bowie. Die beiden sehen nicht nur komplett anders aus, sie haben für ihre Arbeit auch ganz andere Existenzbedingungen. Arnold Schwarzenegger hat in seiner besten Zeit seinen Körper derart trainiert, dass ihn seine Mutter wohl nur mehr am Gesicht erkannt hätte. Als er „Conan der Barbar" gedreht hat, war er so richtig. Also, das war ein Barbar. Er hat den Archetypus dargestellt. David Bowie war in seiner besten Zeit heroinabhängig, hat sich an die Gitarre oder ans Klavier geschleppt und mit gebrochener Stimme zum Sterben schöne Lieder gesungen. Er hat im Grunde ums Überleben gesungen und war eigentlich nur mehr ein Schatten seiner selbst. Aber er hat genauso geblüht wie Arnold Schwarzenegger, bloß auf einem ganz anderen Gebiet. Der eine hat vielleicht nur mehr 50 Kilo gehabt; der andere vielleicht schon 150, ich weiß es nicht. Jedenfalls, wenn du diese zwei Wesen hernimmst und dir diese Bandbreite ansiehst: So etwas gibt es beim Leoparden nicht. Es gibt keine Leoparden, die im Unterschied zu anderen Leoparden wie Schwarzenegger aussehen oder wie David Bowie. Also wenn du dir diese zwei Exemplare hernimmst und dich jetzt fragst: Was ist die Natur des Menschen? Dann kommst du schon ins Nachdenken. Was ist der Mensch? Weil das sind nämlich beide keine Menschen. Der eine ist ein Gott, ein Idealbild eines Gottes. Der andere ist ein Schattenwesen aus der Unterwelt, etwas völlig anderes.

Roland: Das heißt aber, dass die Natur des Menschen vielleicht die ist, dass er *alles* sein kann, was der Leopard eben nicht kann, dass wir Menschen durch unsere körperlichen und geistigen Möglichkeiten unglaublich wandlungsfähig sind.

# Aus meinem Vortrag (4)

*von Roland Düringer*

Wer hat den heranwachsenden Neandertaler erzogen? Niemand. Zumindest kein Erziehungsberechtigter oder Lehrer. Aber wenn der Neandertaler nicht erzogen wurde, woher hatte er dann sein Wissen? Er hatte schlichtweg kein Wissen. Dafür aber Weisheit, etwas, das heute allzu gerne verwechselt wird. Es gibt sehr gebildete Menschen, die sprechen fünf Sprachen, sind aber in allen fünf Sprachen ein fester Trottel.

Woher erhielt der heranwachsende Neandertaler seine Weisheit? Ganz einfach: Er lebte das nach, was ihm die Erwachsenen vorlebten. Das ist ein sehr einfaches Prinzip und funktioniert wunderbar. Wir haben andere Prinzipien. Wir *sagen* unseren Kindern etwas vor und das ist oft nicht das, was wir ihnen vorleben. Mit der Zigarette in der Hand den Sprössling auf die Gefahren des Rauchens hinzuweisen, muss in einem sich im Bildungsprozess befindlichen Gehirn zwangsläufig zum Kurzschluss und damit zum Systemabsturz führen.

Was aber nicht heißt, dass der kleine Neandertaler tun und lassen konnte, was er wollte. Ganz im Gegenteil. Sein Lehrmeister war die Natur und die Gesetze der Natur musste er ohne Wenn und Aber befolgen. Sonst hätte es „gescheppert“, aber so richtig. Das elegante Umgehen von

Naturgesetzen war damals nicht möglich und wurde im schlimmsten Fall mit dem Tode bestraft: Man fand als kleines Säbelzahntigermenü ein unschönes Ende. Das ist freilich, aus unserer Sicht, ganz schön hart.

## Über Zucht und Züchtung

Roland: Wenn ich zu einer Hundeausstellung gehe, dann höre ich immer wieder, dass Rassehunde ganz bestimmte, ihrer Rasse entsprechende Maße haben müssen. Das Ohr muss eine gewisse Form haben. Das Fell muss eine gewisse Farbe haben. Es gibt ja wohl nichts Blöderes. Anstatt sich zu freuen, dass es gänzlich verschiedene Doggen gibt, heißt es: „Nein, der ist ja da unten völlig … der hat einen Fehler, weil der Schweif ist leider … Schade, dass der … sonst wäre er …". Da siehst du, wie krank wir sind.

Eugen: Auch das ist Erziehung. Man formt. Hunde sind ein gutes Beispiel, denn wenn man sich ansieht, was sich da alles aus dem Wolf entwickelt hat, ist es noch extremer als Schwarzenegger und Bowie. Nimm die Dänische Dogge und den Chiwawa her. Da glaubt man gar nicht, dass die beiden überhaupt miteinander verwandt sind.

Das sind sie aber. Das ist das gezielte Bemühen von Zucht und Züchtung.

Roland: Zucht und Ordnung.

Rahim: Erziehung ist im schlimmsten Fall die Zucht im Zuchthaus, das Reinzwingen in eine Form.

Eugen: Und das Züchtigen ist dann die erzieherische Gewalt, die stets dazugehört zum Zuchthaus und zur Zucht.

## Erziehung zur Multikulturalität

Rahim: Eine weitere, aktuelle Form der Erziehung besteht darin, eine Gesellschaft bunter machen zu wollen, als sie eigentlich wäre. Das ist das Multikulti. Es wäre schön, denkt man, wenn alles so durchmischt ist, dass ein Neuer gar nicht auffällt, wenn er dazukommt. Das Problem ist, dass eine Einheitsmultikultur entsteht, wo jeder dann ein bisschen etwas von allem ist. Und vor allem: Dass die Frau aus Anatolien dann auch so multikulti ist wie ein Wiener aus der Josefstadt, da musst du ziemlich viel formen, bis du das so hinkriegst, bis du eine anatolische Frau so weit hast, dass sie eben auch noch ein bisschen anatolisch ist und Fladenbrot bäckt, wenn sie gerade

Lust hat, sich aber auch für Bobo-Musik interessiert und bestimmte Radiosender anhört, sodass sie dann gar nicht mehr als einer Gruppe zugehörig auffällt.

Roland: Das ist, glaube ich, gar nicht der Punkt. Der Punkt wäre doch, dass der Josefstädter ein Josefstädter bleibt und die Anatolierin eine Anatolierin und die beiden sich respektieren als das, was sie sind. Das ist der Punkt. Nicht, dass man jetzt aus beiden einen „Anatolstädter" macht. Es ist doch ganz egal, auf welche Weise man lebt und welche Angewohnheiten man hat, solange man dem anderen nicht schadet.

Eugen: Ich glaube, die aktuelle Politik hat Sorge, dass der Josefstädter, wenn er ein waschechter Josefstädter ist, was auch immer das sein soll, und eine wirklich echte Anatolierin sich irgendwann einmal in die Quere kommen. Deswegen soll der Joschi ein bisschen anatolisch werden und die Anatolierin ein bisschen joschimäßig, damit Frieden herrscht. Das ist freilich eine Utopie. Und da hat auch keiner wirklich Lust drauf.

Rahim: Aber es würde es manchen schon bequemer machen. Also die Vorstellung ist berechtigt, wenn man zum Beispiel an den einzig Schwulen in der Klasse denkt. Der hat es womöglich ziemlich schwer, besonders unter pubertierenden Burschen. Wie kannst du das für ihn erleichtern? Nur indem du die anderen erziehst und formst.

Das kann jetzt so weit gehen, dass du in die Köpfe der Burschen reinhämmerst, dass im Grunde jeder ein bisschen bi ist. Oder du bist noch extremer und sagst: „Ihr Heteros habt ein Problem. Bei euch läuft etwas falsch.“ Es gibt Leute, die meinen, dass erst dann eine Gesellschaft perfekt ist, wenn alle zu 30 Prozent homo, zu 30 Prozent hetero, zu 30 Prozent bi und zu 10 Prozent transgender sind. Weil dann wäre, egal was du bist, die Schwelle relativ gering, dich als Teil eines bunten Ganzen zu finden. So etwas kann Teil eines Erziehungsprogramms werden, eine Agenda, die im Schulunterricht vehement kommuniziert wird, sodass das irgendwann als normal angesehen wird.

Roland: Ja, ja, aber besser wäre es doch, wenn wir unsere Kinder so weit erziehen könnten, dass das überhaupt kein Thema mehr ist.

Rahim: Ja, dass der Respekt nicht verloren geht.

Roland: Bei den Rothaarigen haben wir es ja fast schon geschafft. Auch wenn es immer weniger davon gibt. Aber in meiner Schulzeit, wenn einer rote Haare gehabt hat in der Klasse und eine dicke Brille noch dazu, dann hatte er schon von Anfang an einen schlechten Start.

Eugen: Meine Mutter ist als Kind, weil sie rote Haare hatte, ein „Rotschädl“ war, nach dem Schwimmen im Fluss von den anderen in die mannshohen Brennnesseln geworfen worden.

Roland: Also das gibt es nicht mehr, glaube ich, weil Rothaarige gar nicht mehr auffallen. Aber wer weiß, wo das alles herkommt. Vielleicht kommt es daher, dass irgendwann einmal rothaarige Frauen und Männer als Hexen und Zauberer verbrannt worden sind. Das ist vielleicht, wie viele andere Dinge auch, über die Jahrhunderte in uns eingespeichert. Interessant ist zum Beispiel, dass ich Tuberkulose gehabt habe, aber nicht in einer Form, die ausbricht, sondern in einer vererbten Form. Die Tuberkulose war über Generationen in meiner Familie, so wie in vielen anderen Familien auch. Wir haben diesen Keim in einer anderen Form, der uns nicht umbringt so wie früher, aber trotzdem Schaden anrichtet und zu Pilzen wird. Dieser vererbte Tuberkulose-Keim stammt von einer abgestorbenen Tuberkulose, ist also eigentlich ein Antikörper einer Tuberkulose, den der Körper vererbt. Es ist also möglich, dass wir Informationen in uns haben, von denen wir gar nicht wissen, dass es sie gibt.

Eugen: Aus der Biologie, aus der Verhaltensforschung weiß man, dass auch Verhaltensweisen vererbt werden können. Zum Beispiel ist bei Hähnen die Abwehr eines imaginären Bodenfeindes instinktiv eingepflanzt, als eine Art Programm. Wenn ein Hahn zum ersten Mal ein Wiesel sieht, macht der Hahn genau das Richtige. Er macht sich breit, plustert sich auf und sieht furchterregend aus.

Dazu muss ihn niemand erziehen. Er kann es einfach. Und er kann es auch nicht üben, denn wenn er es beim ersten Mal falsch macht, ist er mausetot.

Roland: Das ist in den Tieren einfach drinnen. Aber wir Menschen haben die Möglichkeit, im Gegensatz zum Hahn, darüber nachzudenken, uns zu fragen: „Woher kommt das eigentlich? Ist das überhaupt noch sinnvoll?" Wenn es keine Wiesel mehr gibt, braucht sich der Hahn nicht mehr so aufzuführen.

## Kann man sich selbst erziehen? (Teil 1)

Roland: Ein Bekannter von mir hat eine Tochter. Sie ist neun Jahre alt und liebt es, alleine in den Wald zu gehen. Dort verschwindet sie immer wieder für zwei, drei Stunden. Anscheinend vergisst sie die Zeit. Dort im Wald gibt es offenbar etwas, was das Kind interessiert. Der Vater weiß nicht, was es ist. Aber er hat jetzt die Aufgabe, loszulassen, das heißt dem Kind zu vertrauen, dass es Eigenverantwortung übernimmt. Das ist nicht leicht, weil im Wald kann schon einiges passieren. Das Mädchen braucht nur auszurutschen, irgendwo runterzufallen oder irgendetwas zu essen, was es nicht essen darf.

Rahim: Unlängst hat mir jemand erzählt, dass er in der Zeitung von einem Mädchen gelesen hat, das mit seinem Großvater im Wald unterwegs war. Der Großvater hat kurz nicht aufgepasst. Das Mädchen hat einen anderen Weg genommen und sich verlaufen. Es hat die Nacht im Wald verbracht. Aber das Kind hat sich unglaublich gescheit verhalten, hat die Situation gut gemeistert und relativ wenig Blessuren abbekommen. Am nächsten Tag hat es einen Radfahrer getroffen, ihn angesprochen und ist wieder zurückgekommen.

Roland: Da stellt sich für mich jetzt die Frage: Haben wir in uns ein Wissen, das schon von Haus aus in uns drinnen ist? So wie ja auch in unseren Körperzellen Informationen enthalten sind, damit sie das Richtige tun. Haben wir ab einem gewissen Alter nicht ein Gefühl dafür, wie wir selbstständig handeln können? Freilich, wenn du einen Eineinhalbjährigen in den Wald legst, stirbt er. Das ist klar.

Eugen: Die Biologen sagen, dass Menschenkinder, im Unterschied zu den Tierbabys, weniger reif auf die Welt kommen, sich auch viel langsamer entwickeln und weniger natürlichen Schutz und natürliche Fähigkeiten haben. Deshalb gibt es auch die Vorstellung, dass der Mensch ein Mängelwesen ist, also eines, das unter Umständen deswegen intelligent geworden ist, weil es eben nicht so gute Instinkte hat, nicht so gut riechen kann wie ein Lachs, nicht so gut hören kann wie ein Hund, nicht so gut sehen kann wie eine Eule.

Roland: Das heißt, wir müssen zwangsweise kooperieren.

Eugen: Wir müssen kooperieren. Wir brauchen, so wie es aussieht, eine intensivere Betreuung als andere Tiere, besonders in jüngeren Jahren. Wir benötigen zum einen sehr viel Nestwärme und Körperkontakt, um Vertrauen aufzubauen, und wir müssen zum anderen viel lernen, viel mehr als andere Tiere, damit wir uns überhaupt zu Menschen entwickeln. Ich meine, man sieht ja, was aus Kindern wird, die von Tieren aufgezogen werden. Das ist sehr interessant. Es sind an die hundert Fälle dokumentiert, wo Kinder von Tiermüttern aufgezogen worden sind.

Rahim: Die Resultate waren eher trist. Kinder, die bellen …

Eugen: Diese Kinder hatten sehr wenig Menschliches.

Roland: Okay, aus unserer Sicht ist das ein tristes Resultat. Nur, was wissen wir, wie es diesem Wesen, das jetzt halb Tier, halb Mensch ist, geht, wie es empfindet?

Eugen: Ich kann mir nicht vorstellen, dass es ihm gut geht. Einer dieser Fälle ist mir vom Lesen noch erinnerlich. Da ist in einem indischen Dorf immer wieder ein seltsames Wesen aufgetaucht, ist durch die Gassen gehuscht. Die Leute haben nicht gewusst, was das eigentlich ist. Das war ein kleiner Bub, der auf allen Vieren unglaublich behände gelaufen ist, ganz lange Haare gehabt hat und ganz schwarz war vor Dreck. Das war ein Kind, das von Wölfen aufgezogen worden ist. Man vermutet, dass es von einer Wolfsmutter, die selbst gerade Junge hatte, gestohlen und anschließend nach Wolfsart versorgt wurde. Ich kann mir aber nicht vorstellen, dass es einem Lebewesen, das sich wie ein Wolf benimmt und selbst kein Wolf ist, gut geht. Das glaube ich nicht. Das ist komplett aus der Art. Das ist ein Freak, ein absoluter Freak.

Roland: Aber doch erst dann, wenn es mit Menschen, die anders sind, in Berührung kommt?

Eugen: Nein, das glaube ich nicht. Ich glaube, du spürst es schon, wenn du eine ganz andere Spezies bist. Denn du merkst immer, dass du im Vergleich zu deinen vermeintlichen Geschwistern nicht nur anders ausschaust – das wäre vielleicht gar nicht das Problem –, sondern für all jene Dinge, die die anderen, deine Wolfsgeschwister machen können und die Hauptgegenstand ihres Lebens sind, schlechter ausgestattet bist. Du hast kein Fell, bist ganz kahl. Deine Krallen sind nicht so stark. Die brechen ab. Deine Fingernägel werden immer wieder abbrechen, während der Wolf noch schaben kann, etwas reißen kann. Das ist schon relativ bitter.

Roland: Aber sensationell ist doch, dass dieses Kind mit dieser schlechten Ausstattung so lange überlebt hat.

Eugen: Kinder, die das überleben, sind erstaunlich zäh, das muss man schon sagen. Aber alle Versuche, sie wieder zu Menschen zu machen, waren weitgehend vergeblich. Das hat diesen Kindern nicht gutgetan und einige sind bald gestorben.

Roland: Diese Geschichte ist ein gutes Beispiel dafür, wie stark der Einfluss von außen ist, wie stark das alles wirkt, was da von außen in unser Gehirn eindringt.

Rahim: Der Mensch ist ein soziales Wesen. Was uns ausmacht, ist zu einem großen Teil durch Interaktion bestimmt. Das ist der kulturelle Aspekt. Jedes Lernen ist ein sozialer Prozess. Andererseits, und das scheint paradox, lernst du genau dann am besten, wenn du die Dinge selbst erkennst. Dazu braucht es aber den sozialen Kontext. Für dieses Mädchen, von dem du erzählt hast, das stundenlang alleine in den Wald geht, ist es sehr wichtig, dass der Vater seine Aufgabe erfüllt, dass er ihm ein Zuhause gibt, wo Zuneigung da ist. Das ist nämlich noch wichtiger, dass das Kind weiß, dass es seinen Papa in ein paar Stunden wiedersieht, dass er für sie da ist. Ich glaube nicht, dass diese Waldausflüge ganz automatisch zustande kommen würden, ohne diese Zuneigung. Da gab es in früheren Zeiten schlimme Experimente. Man hat sich gefragt: Wie viel von dem, was den Menschen ausmacht, entsteht durch Erziehung? Wie viel ist von Natur aus da? Entwickelt der Mensch von selbst eine Sprache? Und wenn ja, welche Sprache wird das sein? Im Zuge dieser Debatten hat man dann probiert, was geschieht, wenn man Kinder isoliert und ganz alleine aufwachsen lässt. Diesen Kindern ist es elendig gegangen.

Roland: Schrecklich.

Rahim: Sie sind aus Mangel an Zuneigung gestorben, einfach eingegangen. Das waren sehr traurige Geschichten. Also es war nicht so, dass die Kinder dann gleichsam hätten sagen können: „Hervorragend, jetzt kann sich mein Gehirn voll entfalten, weil niemand da ist, der mir Blödsinn beibringt." Da hat etwas gefehlt. Das ist diese paradoxe Situation: Am besten lernst du, wenn es nicht eingetrichtert wird und du es selbst erkennst. Aber trotzdem braucht es diesen sozialen Kontext, damit du empfinden kannst: „Das ist richtig. Das ist gut so, wie ich es mache."

# Fußwaschung

*von Eugen Maria Schulak*

Von meiner frühen Gymnasialzeit kann ich auch Gutes berichten. Die ersten fünf Jahre verbrachte ich im Schottengymnasium, wurde zu einem guten Teil von Mönchen erzogen, atmete gleichsam Klosterluft und das war keineswegs unangenehm. Ich habe noch gut die Gefühle und Gedanken in Erinnerung, als ich in der ersten Klasse, mit etwa zehn Jahren, die uns verbotene Tür zur Klausur, zum inneren Klosterbereich ein wenig öffnete, vorsichtig durch den Türspalt blickte und die kahlen Gänge betrachtete, an deren Seitenwänden kleine, weiße Türen eingelassen waren. Der Boden war mit Platten aus Solnhofener Schiefer überzogen, ein für Klöster üblicher Steinbelag, der glänzte, als ob er mit Speckschwarten poliert worden wäre. Hier waren schon viele Leute auf- und abgegangen. Ich hatte Ehrfurcht vor diesem Bereich, fragte mich, wie die Mönche wohl leben und was in diesen Zellen vor sich ging, hatte Respekt vor diesen Männern, weil die meisten von ihnen die meiste Zeit sehr freundlich waren und gut zuhören konnten, wenn man sie etwas fragte, jedenfalls fast immer etwas ausstrahlten, das mir prinzipiell sympathisch war. Heute glaube ich, dass es Glück gewesen ist. Ich hatte überwiegend glückliche Mönche vor Augen. Und Glück zieht an.

Eines Tages, als ich mich unbeobachtet glaubte, betrat ich die Klausur und begann gemessenen Schritts, die Mönche imitierend, auf- und abzugehen, um dem Rätsel näherzukommen. Es war eine große Stille an diesem Ort. Innerhalb von wenigen Minuten hatte ich vergessen, wo ich war, ging auf und ab, die Gänge entlang, bis mir nach einiger Zeit ein mir unbekannter Mönch begegnete, der mir freundlich zunickte und dann, als ob es selbstverständlich wäre, weiterging. Ich war vor Aufregung mundtot, brachte kein Wort heraus, vergaß das Grüßen und rannte leise mit meinen Filzhausschuhen die Gänge entlang ins Schulgebäude zurück. Noch Tage später hatte ich den Eindruck, eine andere Welt betreten zu haben, eine sonderbare Welt, in der es um Dinge ging, die ich nicht verstand.

Das für mich eindrucksvollste Erlebnis, das mir bis heute in Erinnerung geblieben ist, wie ein lieb gewonnenes Gemälde, das man gerne im Museum aufsucht, fand ein Jahr später in der Schulkapelle statt. Mitten im Geografieunterricht, in der zweiten Stunde, kam der Turnlehrer herein und meinte, dass nächste Schulstunde die Fußwaschung wäre. Wer von uns Schülern dabei sein wolle, der könne einfach in die Kapelle kommen und sei vom Unterricht in der dritten Stunde suspendiert. Nur ein paar von uns zeigten auf, weil jeder wusste, dass wir nächste Stunde in den Zeichensaal gehen würden. Der Zeichensaal war für die meisten von uns der schönste Ort der Schule. Er war so groß wie eine Lagerhalle und hatte einen von Farbe übersäten, sehr malerischen Holzboden. Außerdem war der Zeichenlehrer der lustigste von allen. – Fußwaschung. In der Pause meinte dann einer meiner Mitschüler, dass seine Füße bereits gewaschen wären, und dass es abartig sei, dies in der Kapelle zu tun. Der gute Turnlehrer hatte schlichtweg vergessen, die Sache zu erklären. Der Geografielehrer ebenso. Mich machte das jedenfalls neugierig, weil ich ahnte, dass es sich um etwas Geheimnisvolles handeln musste.

Als ich dann die dunkle Kapelle betrat und angewiesen wurde, mich dort in die allerletzte Reihe zu setzen, still zu sein und zuzusehen, war das Staunen groß. Etwa 40 Mönche saßen auf einfachen Holzstühlen nebeneinander, Seite an Seite in einer langen Reihe. Sie hatten weiße Gewänder an, ihre Füße waren entblößt. Ihren Rücken hatten sie dem Altar zugewandt, der sehr prächtig und goldglänzend war. Vor den Füßen seiner Brüder kniete der alte Abt und wusch ihnen der Reihe nach die Füße. Man sah, wie schwer dem Mann die Prozedur fiel. Er schob die kleine weiße Wasserschüssel langsam vor sich her, benetzte die Füße seiner Mitbrüder ein paar Mal kräftig mit dem Schwamm, rieb die Sohlen und den Rist ein wenig und trocknete sie mit einem weißen Linnen ab. Ein den Abt begleitender Bruder reichte ihm die Tücher, musste ihn stützen, weil er zuweilen umzukippen drohte. Offenbar hatte er Schmerzen. Einer der Brüder, der in der Reihe saß, wollte dem Abt zu Hilfe kommen. Doch der Alte winkte ab, wies ihn zurück an seinen Platz.

Die Kapelle war ausschließlich mit Kerzen erleuchtet. Es waren vielleicht an die 200 Stück. Es war ziemlich still.

Manchmal knarrte eine der Kirchenbänke. Und es war kalt. Aber vor allem war es schön, zauberhaft, ein unvergessliches Bild. Es dauerte viele Jahre, bis sich mir der tiefere Sinn dieses Rituals zu erschließen begann. Was ich jedoch schon während des Zusehens begriff oder vielmehr spürte, war die enorme Kraft, die von dieser Handlung ausging. Das Ritual nahm mich gefangen wie bislang selten etwas.

## Kann man sich selbst erziehen? (Teil 2)

Roland: Können wir uns überhaupt selbst erziehen, jetzt, in diesem Zustand, in dem wir sind, nachdem wir bereits erzogen wurden? Das Problem ist, dass wir ja durch unsere Erziehung gelernt haben, auf eine ganz bestimmte Art zu denken. Und so haben sich in unserem Gehirn bereits Verschaltungen gebildet, wie bei einem Computer, auf dem schon gewisse Programme installiert wurden. So ein Computer kann dann jedem anderen Computer zeigen, wie er selbst funktioniert. Das ist klar. Nur, etwas anderes kann er ihm nicht zeigen.

Rahim: Wie gesagt, besteht ein großer Teil des Lernens aus Interaktion. Da ist es ganz unvermeidbar, dass es auch Fehlprogrammierungen gibt. Aber es braucht diesen Interaktionsprozess. Du kannst nie bei null anfangen. Doch was du machen kannst, ist, dir über deine eigenen Fehlprogrammierungen Gedanken zu machen, weil du weißt, dass du sie in Zukunft weitergeben wirst. Du kannst ja gar nicht verhindern, dass dich Kinder imitieren, auch wenn du sie nicht erziehst, auch wenn du als Elternteil sagst: Ich gebe überhaupt nichts vor. Es sind die ganz feinen Dinge, die zwischen den Zeilen kommuniziert werden, die die Kinder dann imitieren.

Eugen: Man kann nicht nicht kommunizieren.

Roland: Nein. Das geht gar nicht.

Rahim: Und man kann in diesem Sinne auch nicht nicht erziehen. Deswegen würde ich mir auch nicht allzu viel Stress machen und sagen: „Um Gottes willen, jetzt gebe ich den ganzen Dreck auch noch an mein Kind weiter!" Das passiert sowieso. Du kannst dir sicher sein, dass bestimmte Blödheiten übernommen werden. Aber du kannst dir ebenso sicher sein, dass auch Fertigkeiten übernommen werden, die Ausgangspunkt für Neues, für Besseres sein können. Wenn du das Kind schützen wolltest vor all deinen Blödheiten, würde es im Regelfall noch schlimmer sein, weil du ihm auch die Möglichkeit dieser Interaktion und damit des Lernens nimmst. Also ich würde mich da nicht stressen, sondern eher bei der Selbsterziehung anfangen und sagen: „Wo bin ich selbst fehlprogrammiert?“

Roland: Aber dazu braucht es ja schon viel, dass du dir diese Frage überhaupt stellst.

Rahim: Ja.

Roland: Jetzt behaupte ich von mir, dass ich durch das, was ich mache, dadurch, dass ich Schauspieler bin, diesbezüglich etwas gelernt habe. Um eine Person spielen zu können, muss ich sie beobachten. Aber ich muss mich auch noch zusätzlich in sie hineinversetzen können, damit ich verstehe, wie sie funktioniert, warum sie diesen Gang hat, warum sie so spricht. Das ist notwendig, um diese Person reproduzieren zu können. Sonst würde ich sie ja nur nachäffen, nur die Sprache und den Gang nachmachen, mehr nicht. Das heißt, ich habe die Fähigkeit, einen anderen von außen zu betrachten und das Wesentliche an ihm zu erkennen, um dann, wenn ich ihn spielen muss, in ihn hineinschlüpfen zu können, mitsamt seinen Programmierungen. Diese Fähigkeit bringt mit sich, dass ich es bei mir selber ebenso kann, dass ich mich auch selber beobachten kann. Nur, das muss ich gleich dazusagen: Sich selbst zu beobachten ist viel, viel schwieriger. Aber es geht dann irgendwann einmal. In dem Moment, in dem ich weiß, wie ich funktioniere,

kann ich auch Einfluss auf mich nehmen. Erst dann habe ich die Möglichkeit, mich zu verändern und mich selbst zu erziehen.
In meinem konkreten Fall habe ich beschlossen, mir einen Wohnwagen mit 28 Quadratmetern anzuschaffen, als eine Erziehungsmaßnahme für mich selbst. Er steht bei mir im Garten und ich wohne darin. Durch die Rahmenbedingungen, die er mir bietet, erzieht mich dieser Wagen. Er lehrt mich unglaublich viel und ich merke, wie sich an meinem Verhalten automatisch alles verändert: das Duschverhalten, Waschverhalten, Kochverhalten, Essverhalten, einfach alles.
Diese Veränderung meiner äußeren Rahmenbedingungen tut mir sehr gut. Sie lehrt mich, mit Ressourcen umzugehen. Und ich merke, wie mich das gewissermaßen wieder normalisiert, weil ich mich um die wichtigen, einfachen und grundlegenden Dinge zu kümmern habe.

Eugen: Aber du hast doch schon vorher, bevor du dir diesen Wagen angeschafft hast, so ungefähr gewusst, was passieren wird? Du hättest ja auch alles, was du besitzt, verkaufen können, um dir ein Penthouse in der Innenstadt zuzulegen.

Roland: Ja. Aber das war keine Option.

Eugen: Ich meine, du hast dir ja vorstellen können, was dir im Wohnwagen quasi „blüht“. Und du wolltest auch, dass das geschieht, was du geschildert hast.

Roland: Ja, aber die Veränderung selbst habe ich erst durch diese Erziehungsmaßnahme herbeiführen können. Und ich habe sie aus freien Stücken gewählt. Nicht, weil sie mir irgendjemand eingeredet hätte, sondern es war ein bewusster Akt der Selbsterziehung. Nur, um das zu können, musst du wissen, wie du funktionierst. Wer bin ich eigentlich? Was habe ich für Möglichkeiten?

Eugen: Jetzt verstehe ich auch besser, was du meinst. Ich kann dir ein analoges Beispiel bringen. Als ich damals bei meinen Eltern ausgezogen bin, habe ich nach einer Wohnung gesucht, die klein ist, gut funktioniert und die ich mir in jedem Fall von der Miete her leisten kann, auch wenn ich nur sehr wenig Geld verdiene. Das war für mich die Prämisse, weil ich gewusst habe: Ich mache meine philosophischen Studien und ich habe meine Gitarren, auf denen ich spielen will. Mit solchen Tätigkeiten kann man in absehbarer Zeit kaum Geld verdienen. Deswegen habe ich mir damals in jungen Jahren gesagt: Ich brauche einfache Rahmenbedingungen, damit ich keinen Stress bekomme, damit ich mich konzentrieren kann. Deswegen muss ich ein einfaches Leben führen. Das war gewissermaßen ebenso eine Erziehungsmaßnahme.

Roland: Nicht wirklich. Also nicht in dem Sinn, in dem ich es meine. Weil du hattest ja keine andere Möglichkeit.

Eugen: Ich hätte auch einen Job suchen können, wo ich dreimal in der Woche in der Nacht oder die Wochenenden durcharbeite. Damit hätte ich mir eine größere Wohnung leisten können, einen höheren Lebensstandard. Und ich hätte damit gesagt, dass mir die Konzentration auf meine eigentlichen Aufgaben nicht so wichtig ist.

Roland: Okay. Ja.

Rahim: Das war aber keine bewusste Erziehungsmaßnahme, weil du nicht gesagt hast: Ich möchte mich ändern und deswegen nehme ich mir eine kleinere anstatt einer größeren Wohnung, weil ich will, dass die Wohnung dann etwas Spezielles mit mir macht.

Roland: Das meine ich, genau.

Eugen: Ich bin in einer großen Wohnung aufgewachsen, hatte ein riesiges Zimmer …

Roland: Aber es war nicht die Wohnung, die dir gehört hat, die du finanziert hast, für die du gearbeitet hast.

Eugen: Das stimmt. Aber es war trotzdem ein bewusster Akt, weil ich etwas vorhatte, gewusst habe, dass es wichtig ist, finanziell unabhängig zu sein, zumindest in dem Sinn, dass es nur kleine Summen an Geld sein sollten, die zu verdienen sind, um das tägliche Leben in Gang zu halten.

Roland: Bei mir steht neben meinem Wohnwagen dieses riesige Haus, das mich sehr viel Geld gekostet hat und das ich mir irgendwann einmal gekauft habe. Und jetzt gehe ich den Weg zurück, um meinetwillen.

# Aus meinem Vortrag (5)

*von Roland Düringer*

Für den Geist macht es einen sehr großen Unterschied, ob ich deshalb nicht Skifahren gehen kann, weil einfach kein Schnee vorhanden ist, oder ob ich an einem wunderbaren Wintertag mit blauem Himmel und Pulverschnee nicht Skifahren gehen kann, weil ein Erziehungsberechtigter zu mir sagt: „Heut wird net Ski gfoahn." – „Wieso?" – „Weu i's sog!" Das macht zornig. Auf „kein Schnee" kann ich nicht böse sein. Es sei denn, ich bin verhaltensgestört, dann kann ich natürlich auch auf das Wetter böse sein.

Etwas, das der Neandertaler ebenfalls nicht kannte, war der klassische Konflikt der Generationen. Das ist logisch, denn es handelte sich um einen Zeitraum von grob hunderttausend Jahren, in denen sich nichts geändert hat, außer dem Wetter. Da damals gestern zugleich auch heute war, hatten die Ewiggestrigen im Unterschied zu heute einfach recht, und den typischen „alten Trottel" hat es nicht gegeben, denn wenn einer ein Trottel war, dann wurde der nicht alt.

Heute hingegen kann es ein Trottel relativ weit bringen. Man muss ja nicht besonders klug sein, um ein mächtiger Mann oder eine mächtige Frau in der Politik oder in der Wirtschaft zu werden. Da reicht es, wenn man clever ist und die Kunst des Lügens beherrscht. Das reicht natürlich nicht, denn man braucht auch die anderen, die sich anlügen lassen. Und da kommen jetzt wir ins Spiel, die Systemtrottel und Bioroboter. Auch etwas, das wir von unseren Erziehungsberechtigten gelernt haben: das Lügen und das Angelogenwerden als normal zu betrachten. „Iss, damit du groß und stark wirst" sollte heißen: „Iss, damit du schiach und blad wirst." – „Das ist kein Kinderfilm, das ist ein Film für Erwachsene": Damit meint man Filme mit Nackerten oder mit Mord und Totschlag oder eine gelungene Kombination daraus: Nackerte, die sich gegenseitig totschlagen. Stimmt, das sind keine Filme für Kinder, aber das sind auch keine Filme für Erwachsene. Das sind Filme für ausgewachsene Raubaffen.

## Erziehung zur Selbsterziehung

Roland: Hermann Knoflacher, ein Verkehrsexperte, sagt, dass man Menschen die Selbsterziehung erleichtern kann, wenn man ihnen geeignete Rahmenbedingungen bietet. Dann lernen sie unglaublich schnell. Dazu hat er einen kleinen Versuch gestartet. Ihr kennt ja diese Straße, die in Wien im 1. Bezirk über den Graben hinübergeht, hin zur Peterskirche.

Eugen: Ja, die kleine, die kenne ich gut.

Roland: Das war seine Idee. Es war sein Vorschlag, dass es dort keinen Fußgängerübergang, gar nichts, nicht einmal ein Verkehrsschild gibt.

Eugen: Das ist wirklich interessant. Der öffentliche Autobus fährt dort quer durch die Fußgängerzone. Es gibt keinen Randstein.

Roland: Und es passiert nichts, gar nichts. Kein Unfall. Nie. Wir passen aufeinander auf. Weil wir in solchen Situationen auch gar keine andere Möglichkeit haben, als aufeinander aufzupassen. Deshalb wäre es auch denkbar, Rahmenbedingungen zu schaffen, um gleich ganze Stadtteile von Ampeln und Schildern zu befreien. In solchen freien Zonen, die man vorher freilich baulich verändern müsste, würde, glaube ich, Folgendes geschehen: Dass sich plötzlich alle so ungefähr mit derselben Geschwindigkeit bewegen, weil es gar nicht anders geht. Und alle würden aufeinander aufpassen.

## Was Politik von der „Politik" unterscheidet

*von Rahim Taghizadegan*

Ursprünglich handelt es sich bei der Politik um die schwierige Kunst, eine reale Gemeinschaft (eine „Polis", sagten die alten Griechen) zu stiften, zu schützen und am Leben zu halten. Dies kann allenfalls durch Sinnstiftung, Hilfsbereitschaft, aufopfernden Dienst an der Allgemeinheit und einen Mut, der die Angst vor dem Tod abgelegt hat, gelingen.

„Politik" hingegen, darunter verstehen wir heute das Ausnützen von Konflikten durch Interessengruppen und die Anmaßung, andere Menschen zu erziehen. Heutige „Politiker", oft sogar unfähig, für sich selbst Verantwortung zu übernehmen, wollen ihren Untertanen jede Verantwortung abnehmen. Sie spielen sich als Erziehungsberechtigte auf, die alles besser wissen, aber doch so oft völlig daneben liegen – nur tragen sie dafür kaum jemals die Konsequenzen. Dieser „politische" Erziehungswahn hat leider paradoxe Folgen: Er bessert die Menschen nicht, sondern macht sie schlechter. Wer Menschen Verantwortung abnimmt, nimmt ihnen letztlich auch die Verantwortungsfähigkeit und damit die Freiheit. Die Folge und wohl die wahre Absicht dahinter ist, dass die Menschen in der Tat verantwortungsloser werden und der Bedarf nach Erziehungsberechtigten scheinbar zunimmt. Leider hat der Tonfall des Erziehungsberechtigten schon in sämtlichen „politischen" Debatten Einzug gehalten: Besserwisser in virtuellen Foren kanzeln ihre Mitmenschen ab und wetteifern mit Endlösungen für unsere Probleme, die alle mit „man müsste ...!" beginnen. Doch kein Gemeinwesen kann bestehen ohne Bürger, die zuerst sich selbst erziehen – vielleicht ist es das sogar, was den Bürger ausmacht: Ein freier Mensch zu sein, der keine Erzieher mehr nötig hat, weil er sich selbst Ziele und Grenzen setzen kann.

# Über die Erziehung von Kindern (Teil 1)

Roland: Wichtig bei der Erziehung von Kindern ist, ihnen beizubringen, dass das, was sie empfinden, eine große Bedeutung hat, damit sie erkennen können, was sie wirklich wollen und was ihnen guttut. Dass sie nicht immer nur lernen, auf die anderen zu hören, sondern selber spüren können: Das ist etwas, was mir gefällt, auch wenn es für die anderen keinen Sinn ergibt.

Rahim: Ich habe den Eindruck, dass das insbesondere Eltern der 68er-Generation sehr stark probiert und forciert haben, und ich glaube, dass die Zunahme des Narzissmus damit zusammenhängt. Du siehst das daran, dass es heute viele Kinder und Jugendliche gibt, die nur noch auf sich selbst hören können, bei denen aber der Bezug zu anderen dadurch verloren geht. Es ist vielleicht ein Vorurteil, aber ich sehe und beobachte eine gewisse Zunahme des Narzissmus und meine, dass das auch zusammenpasst mit einer bestimmten Erziehungsmode, die eher in Richtung Laissez-faire geht, nämlich dem Kind möglichst keine Grenzen aufzuerlegen. Es sogar noch in seinen

Launen zu ermutigen und etwa zu sagen: „Das ist toll, dass du jetzt nicht die Regenjacke anziehen willst, obwohl es regnet. Was willst du mir damit sagen? Vielleicht hast du ja recht. Das ist großartig und genial, dass du das jetzt tust." Also du kannst alles übertreiben. Ich meine das aus dem Augenwinkel beobachtet zu haben, dass so etwas in einigen Familien passiert und dass das nicht unbedingt guttut. Es muss auch nicht unbedingt schlechttun. Es können interessante, verschrobene Charaktere sein, die aus solchen Familien kommen. Aber das ausschließlich Nach-innen-Hören bringt nicht viel. Das sind eben oft Launen.

Roland: Ich weiß, was du meinst. Aber das, was die 68er-Generation gemacht hat damals, ist nicht das, was ich meine. Ich sage nicht: „Okay, Kinder, macht, was ihr wollt!" Ich würde sagen: „In Ordnung. Wir probieren das jetzt aus. Wir gehen raus in den Regen und du sagst mir, wie lange es super ist." Ich ziehe die Regenjacke an und dann sehen wir den Unterschied. So wird das Kind aus eigener Erfahrung etwas lernen. Aber ich würde nicht sagen: „Du hast recht", sondern: „Ich glaube, es ist nicht gescheit, aber wir probieren es ganz einfach aus." Das kostet freilich sehr viel Zeit. Die musst du dir nehmen und dir sagen: „Okay, das Kind will jetzt eine Erfahrung machen. Das ist sein gutes Recht. Es kann ihm ja nichts passieren, außer dass es nass wird. Und dann schauen wir weiter."

Rahim: Ich meine, so ein Verhalten, dass es in der Familie völlig normal ist, dass es immer eine Diskussion darüber gibt, ob man eine Regenjacke anzieht, wenn es draußen regnet, ist in aller Regel ein Symptom für andere Dinge. Die Kinder wollen Aufmerksamkeit auf sich ziehen und ein Drama machen, weil sie wissen, dass es funktioniert. Endlich einmal hört mir der Papa zu, reagiert auf mich. Das ist reine Taktik, die da gespielt wird. In der Regel ist es ein Hinweis auf Familien, in denen zu wenig Zuneigung da ist, zu wenig Aufmerksamkeit. Dann hast du diese Geschichten, die sich selbst verstärken, weil immer dramatischer darauf reagiert wird. Du spielst das Spiel mit und es wird immer schlimmer. Aber ich glaube, wenn eine Grundzuneigung da ist, man keine große Affäre daraus macht, lassen sich die Probleme in Grenzen halten. Es geht die Welt nicht unter, wenn du ohne Regenjacke rausgehst.

Roland: Nein. Es passiert ja nichts. Dann wären nämlich beide stur.

Rahim: Genau. Ja.

Roland: Das Kind provoziert die Eltern und will, dass die jetzt ebenso stur sind. Das Kind will, dass es irgendwo einen Konflikt gibt. In dem Moment aber, wo du sagst: „Ja, du wirst nass werden", wird kein Konflikt entstehen.

Eugen: Ich denke, es sind auch ganz pragmatische Gründe, warum man will, dass die Kinder die richtige Kleidung zur richtigen Gelegenheit tragen. Einfach, damit man weniger Arbeit und Sorgen hat. Sorgen und Arbeit hat man mit Kindern ja immer. Und die versucht man klarerweise zu vermindern. Wenn man sie im Regen ohne Regenjacke gehen lässt und es ist kalt draußen, muss man sie nachher in die heiße Badewanne stecken. Wenn sie krank werden, muss man zu Hause bleiben. Wenn sie sich im Gatsch wälzen, will man das ja nicht deshalb verhindern, weil es ungesund oder nicht lustig wäre, sondern weil man putzen muss, weil man vielleicht die Mama ist, die das jetzt alles wieder waschen kann, und das jeden Tag. Und vielleicht könnte man nur jeden dritten Tag waschen. Zugegeben, das wäre besser. Wenn man das dem Kind erklären könnte, dass es in der Tat nicht so lustig ist, sich mit dem guten Gewand im Gatsch zu wälzen, mit dem wir dann zur Oma gehen, dann wäre schon geholfen.

Roland: Für unsere Kinder wird es immer enger werden, glaube ich, weil die Eltern immer weniger Zeit für solche Dinge haben, wie die Gummistiefel zu putzen und so weiter. Es wird immer enger. Ich würde sagen, wenn die Kinder im Gatsch spielen wollen: „Ja. Ausziehen bis auf die Unterhose, dann spiele im Gatsch. Weil duschen kannst du dich selber. Wenn nicht, spritze ich dir den

Gatsch mit dem Schlauch runter." Das ist kein Problem. Und es ist ganz natürlich, dass ein Kind im Gatsch spielen will, weil es einfach supergeil ist. Das ist einfach super. Ich war da einmal in Heidenreichstein. Da gibt es einen Weg durchs Moor, wo du wirklich einsinkst, bis zum Arsch durch den Sumpf durchgehst. Dort kannst du nur mit der Badehose oder nackt rein. Du wirst ganz schwarz. Das ist toll. Das riecht nach Moor. Da bist du total verbunden mit der Erde. Dass das die Kinder wollen, ist das Natürlichste. Geht aber nicht, wenn das Elternteil sagt: „Die Jacke hat so viel gekostet. Das ist auch neu. Das muss

ich waschen. Die Waschmaschine, um Gottes willen." Dann geht das nicht mehr.

Rahim: Ich verstehe jetzt auch deinen Ansatz sehr gut: Sozusagen alles im Kind, was in ihm drinnen ist, was es fühlt, zu fördern, weil eben die Kontexte so stark zugenommen haben, in denen wir alle funktionieren müssen.

# Ein Bücherhaushalt und ein endloses Gespräch

*von Eugen Maria Schulak*

Seit frühester Jugend war ich von Büchern und Schallplatten umgeben. Meine Eltern hörten Franz Schubert und Gustav Mahler, 1968, wahrscheinlich deshalb, weil sie vom Land kamen und die wilden Sixties einfach verschlafen hatten. War auch nicht weiter schlimm. Das war sogar vorteilhaft, weil ich dadurch in meinem späteren Leben noch vieles zu entdecken hatte, was mir aus meinem Elternhaus gänzlich unbekannt war. Meine Mutter arbeitete als Lehrerin, unterrichtete Schaufensterdekoration, Deutsch und das Schreiben auf der Schreibmaschine, später dann Pädagogik und Psychologie. Sie war sehr fleißig, schrieb nebenbei noch Schulbücher, jede Menge Gedichtbände und Essays und bastelte an obskuren Objekten, die meist aus Styropor bestanden, einem weißen, halbfesten Schaumstoff, der einem, wenn er heiß geschnitten wurde, den Atem raubte.

Mein Vater verdiente sein Geld als Bürokaufmann in einer Straßenbaufirma, eher pflichtbewusst als leidenschaftlich. Was ihm hingegen wirklich Freude bereitete, waren seine Bücher. Er hatte Unmengen davon. Wir hatten eine richtige Bibliothek, die geordnet war nach Nationen: hier die russische Literatur, dort die französische; hier die alten Griechen und Römer, dort die Gegenwartsliteratur aus Österreich. Die deutschen Klassiker gab es in herrlichen Ausgaben. Mein Vater war Stammkunde beim „Schaden", einem großen Antiquariat in der Wiener Innenstadt. Mein Vater liebte seine Bücher. Es war eine regelrechte Ehekrise, als meine Mutter die neue Mokka-Maschine, die eher ein Kunstobjekt war und dementsprechend Mucken machte, einmal auf den „Ulysses" von James Joyce stellte, der dann auch prompt mit Kaffee überschwemmt wurde. Mein Vater war absolut fassungslos, ein Frevel der Sonderklasse. Dabei schätzte er das Buch nicht einmal sonderlich. Bücher waren etwas sehr Wertvolles, auf das man aufzupassen hatte. Aber vor allem hatte man in ihnen zu lesen, und das möglichst jeden Tag.

Also las ich, unentwegt und freiwillig, weil Auswahl hatte ich ja, und langweilig war die Sache durchaus nicht. Besonders hatte ich es auf die schweinischen Bücher abgesehen, die hinten in der zweiten Reihe standen. Aber die hatte ich bald durch, weil es nur wenige waren. Vor allem waren es Klassiker der Weltliteratur, aber auch Bücher über Abenteuer und Expeditionen, wie das Logbuch des Christoph Kolumbus und die Irrfahrten des geplagten Odysseus, der auf einer einsamen Insel dem Morgenrot entgegendämmert, bis es endlich mit „Rosenfingern" über dem Horizont erschien. Es war ein träumerischer Haushalt, in dem ich aufwuchs. Man durfte lesen, so viel man wollte, und man konnte über das Gelesene auch sprechen, so viel man wollte.

Später dann, in der Gymnasialzeit und während meiner Studien, begann ich mit meiner Mutter eingehende, nicht enden wollende Gespräche zu führen. Ich machte es mir zur Angewohnheit, alles, was ich las und lernte, meiner Mutter zu erzählen, die mir aufmerksam zuhörte und immerzu Fragen stellte, die gar nicht leicht zu beantworten waren. Über mehr als ein Jahrzehnt hindurch waren dies meine Prüfungsvorbereitungen. Meine Mutter war eine Art philosophischer Coach für mich, der meine oft absurden Thesen und angelesenen Dummheiten nicht bloß belächelte, sondern mir Kontra gab, es mir schwer machte, sodass ich mich rechtfertigen und verteidigen musste. Das war wahrscheinlich ein Hauptgrund, warum ich so lange, viel länger als alle meine Freunde, bei meinen Eltern wohnte. Ich fühlte mich weitgehend wohl, sah mich in meinen Vorhaben unterstützt und getragen.

Sport gab es hingegen nie. Im Winterurlaub musste ich, das Stadtkind, allein mit den Bauernbuben Skifahren gehen, die ihren Spaß mit mir hatten. Herrje. Meinen Eltern war das alles viel zu nass und viel zu kalt. Sie nahmen sich die Bücher auch mit in den Urlaub. Ich hingegen hing verzweifelt am Skilift und konnte ihn beim Aussteigen oft nicht rechtzeitig verlassen. Das waren Tragödien, die sich da im Schnee abspielten. Sport kenne ich prinzipiell nur als eine Art Alleingelassenwerden und als tiefes Erlebnis des Versagens. Und ich hasse ihn bis heute. Die Turnstunden in der Schule waren Freistunden für mich. Ich hatte das Talent, ständig irgendeine Form von Lahmheit zu simulieren und konnte so dem Schweißgeruch im Turnsaal erfolgreich entkommen. Freilich nicht immer. Dann musste ich mich auslachen lassen, weil ich beim Fußballspielen stets den Kürzeren zog. Aber es ging mir im Grunde recht gut. Ich hatte mein Klavier, später meine Gitarre und all die Bücher, die meine Freunde waren. Die haben mich am Leben erhalten, wie der schwarze Tee, die Zigaretten und die hübschen Mädchen.

## Über die Erziehung von Kindern (Teil 2)

Roland: Ich denke, unsere Kinder müssen sich heute in eine Welt einfügen, die zur ursprünglichen Programmierung des Menschen nicht mehr wirklich passt. Wenn es richtig ist, dass wir sehr lange Zeit hindurch, über viele Generationen hinweg immer die gleichen Bedürfnisse gehabt haben, so ist jetzt Schluss mit diesen Bedürfnissen, denn wir können sie nicht mehr ausleben.

Eugen: Deswegen muss man sie als Kind ausleben. Sigmund Freud beschreibt es sehr schön: Wenn Kinder ihre Bedürfnisse nicht hinreichend ausleben können, kommen diese später dann unerledigt als Perversionen wieder. Also Buben etwa, wenn sie so zwischen drei und fünf Jahre alt sind, zeigen gerne ihr Spatzi her, gerne auch in der „Öffentlichkeit", wenn Freunde und Verwandte zu Besuch kommen oder zu anderen Gelegenheiten. Als Elternteil tut man gut daran, diese Angelegenheit freundlich zur Kenntnis zu nehmen und eine positive Reaktion zu zeigen, also etwa zu sagen: „Super, das Spatzi! Passt, ganz hervorragend!" Freilich ist das eine seltsame Situation und manche Menschen, die prüde oder ängstlich sind, kommen hier schon ins Schwitzen. Wirklich schlimm für das Kind wäre aber, wenn man panisch wird, aus Angst, das Kind wird pervers oder ist es womöglich schon, sodass man den Buben schlägt, wenn er so etwas tut. Das wäre das Schlechteste. Denn wenn der Bub das ein paar Mal machen darf und merkt, dass alles in Ordnung ist mit dem Spatzi, passiert das in der Regel nie wieder. Wenn du den Buben hingegen schlägst und in der Folge weiterhin in diesem Zusammenhang mit Gewalt bedrohst, hast du dir unter Umständen eine Type herangezüchtet, die nachts im Park steht und dann irgendwann in Handschellen zum Psychiater gebracht wird. Ich bin mit einem Psychiater befreundet, der mir von solchen Fällen berichtet hat. Ein 22-Jähriger hat bereits über hundert Anzeigen wegen Exhibitionismus gehabt. Jetzt kannst du dir vorstellen, wie oft er das schon gemacht hat, tausende Male wahrscheinlich. In sexueller Hinsicht war dieser Bursche immer noch vier Jahre alt. Gewisse Dinge muss man offenbar einmal gemacht haben, damit sie erledigt sind. Ich muss einmal ordentlich im Gatsch gespielt haben. Ich muss öfters das Gefühl gehabt haben, dass alles an mir runterrinnt, sich alles fett zwischen den Zehen durchdrückt.

Roland: Und dann wird es einmal fad. Dann weiß man, wie es ist.

Eugen: Dann hat man es kapiert und braucht es nicht mehr zu tun. Ich glaube, da muss man als Elternteil einfach cool sein. Aber man muss auch ein Wissen über die Natur des Menschen haben, wissen, was normal ist und dazugehört. Weil sonst glaubt man vielleicht, dass man einen kleinen Buben schlagen muss, wenn er sich exhibitionistisch betätigt, damit er kein Exhibitionist wird, wohingegen richtig ist, dass man ihn eben nicht schlagen darf, wenn er sich exhibitionistisch betätigt, damit er kein Exhibitionist wird.

Roland: Bei den Naturvölkern ist das vollkommen egal, wenn dort ein Kind sein Spatzi herzeigt. Das hat auch viel mit unserer Religion zu tun, dass das bei uns so ist, dass man bis oben hin zugeschnürt war eine Zeit lang.

Rahim: Also ein Mensch, der wirklich religiös ist, dass der mit dem Spatzi eines Kindes jetzt ein Problem haben soll? So jemand muss schon einen Vogel haben.

Eugen: Klar hat er den. Aber trotzdem hast du diese Thematik bereits im Alten Testament, in der Genesis. Dort wird menschliche Nacktheit eng mit Angst und Schuld verknüpft. Unsere Religion hängt da zweifellos mit drinnen, und nicht nur unsere.

Rahim: Ich weiß. Das ist eine uralte Sache, die oft krankhaft wird. Doch halte ich es grundsätzlich für ein sinnvolles Tabu. Es handelt sich um die Sublimierung von Sexualität. Freilich ist das ein unglaublich schmaler Grat, sodass alles leicht neurotisch werden kann. Aber als grundsätzliches Muster, dass du Aufmerksamkeit weg von der Sexualität führst, ist es sinnvoll. Das erst bringt die Erotik hervor. Diese Erotik ist nicht vorstellbar ohne Verhüllung.

Eugen: Und ohne Scham.

Rahim: Das heißt, es kommen menschliche Elemente hinzu, die unser sexuelles Zusammenleben doch eigentlich viel schöner machen. In diesem Sinne kann ich auch dem Tabu etwas abgewinnen. Das haben wir von George Bataille gelernt, dessen Buch über die Erotik ich jetzt endlich fertiggelesen habe. War mühsam, sein langatmiges Französisch.

Eugen: Das glaube ich dir. Ich habe mich mit der deutschen Übersetzung ebenso geplagt. Die These von George Bataille ist ja auch, dass der Mensch gezähmt und zivilisiert worden ist, indem er mit Sexualverboten belegt wurde. Dass das die eigentliche Menschwerdung gewesen ist, legt er schön dar.

Rahim: Das ist ein bisschen übertrieben.

Eugen: Aber es besteht die Möglichkeit, dass es so war. Es gibt Affen, und dann gibt es Menschen, die noch so wie die Affen sind, und dann gibt es irgendwann einmal einen Häuptling, der sagt: „Sex gibt es nur unter gewissen Bedingungen. Nur dann, wenn du es so und so machst. Nur dann, wenn du es nur mit der da machst. Und auch nur dann, wenn du auch etwas bezahlst und dem Vater deiner Süßen etwas versprichst. Dann darfst du. Sonst bekommst du Schläge." Ab dann gibt es quasi Kultur, gibt es einen Stamm, ein Volk und so weiter.

Rahim: Elemente davon stimmen. Und man muss der 68er-Generation auch dankbar sein dafür, dass sie gewisse Dinge ausprobiert hat. Die These war sehr plausibel, zu sagen: Das Grundproblem unserer Fehlprogrammierungen liegt im Sexuellen. Wenn Sexualität etwas ganz Natürliches wäre, dass dann weniger gestörte Menschen entstehen.

Roland: So etwas kann nicht funktionieren, weil da ja bereits falsch Programmierte an den Start gehen. Wie sollen die denn ihre Programmierung, die Jahrtausende alt ist, durch ein Experiment so einfach wegbekommen? In einer ganz kleinen Gruppe, in kleinem Rahmen kann es vielleicht funktionieren, so etwas auszuleben. Aber dann kommen jene, die diese Gruppe imitieren und sagen: „Das machen wir auch. Außerdem ist es lustig." Doch in Wirklichkeit empfinden sie eine innere, ganz tiefe Schuld und genieren sich zu Tode.

# Über das schöne Sprechen

*von Roland Düringer*

Ein großer, der Bärenanteil der Erziehung sozusagen sollte ja in den Händen der Eltern liegen. Vorausgesetzt, die Eltern haben Zeit dafür. Wobei, Zeit hat man nicht, die nimmt man sich. Nimmt man sich die Zeit nicht, übernehmen staatliche Institutionen die Rolle der Eltern. Ich hatte Glück, denn meine Eltern verbrachten viel Zeit mit mir und sie haben den kleinen Roland geliebt, auch wenn sie es nicht so wirklich zeigen konnten. Als wohlbehütetes Einzelkind wuchs ich in Wien-Favoriten, dem Epizentrum des Proletariats, auf und wurde von Papa und Mama beschützt. Wovor, das weiß ich bis heute nicht genau. Jedenfalls führten meine Eltern einen Kampf gegen ganz Favoriten. Sie wollten, dass der Sohn schön spricht. Dieser Versuch ist, wie man an mir hören kann, „schwea in Oasch gonga". Wie allen Eltern war es auch meinen Eltern wichtig, dass aus mir einmal „etwas wird" – nicht „ein Etwas", sondern etwas mehr als aus den Eltern. Das ist oft nicht viel, aber wenigstens ist es mehr. So erschien es Vater und Mutter sehr wichtig, dass ihr Sohn schön spricht, weil man „schön sprechen" offenbar mit mehr Chancen im Leben gleichsetzte. Schön sprechen hieß also das Verleugnen seiner Herkunft, indem man den Wiener Dialekt aus dem Wohnzimmer verbannte und eine seltsame, fast patscherte Form des Hochdeutschen pflegte. „Schiache" Wörter, wie „Schaß", „Oasch" oder auch „leiwaund" (eigentlich kein schiaches Wort, sondern ein leiwaundes), waren überhaupt bei Strafe verboten.

Das schöne Sprechen war in der elterlichen Wohnung durchaus haltbar, doch kleine Kinder gehören ja an die frische Luft, ins Grüne. Das einzig Grüne vor unserer Haustür war mit viel Glück eine Ampel, und die nächstgelegene Grünoase war der Waldmüller-Park. Dorthin spazierte ich, oft auch widerwillig, mit meiner Mutter. Sie setzte sich auf die Parkbank und den schön sprechenden Sohn auf die Schaukel. Mutter begann zu stricken und ich mit meinem Sprachunterricht. Da waren nämlich auch noch andere

Kinder im Park. Hier herrschte bereits in der Sandkiste ein ganz anderer Ton. Meine Eltern drohten mir zwar ebenfalls oft damit, dass bald ein anderer Ton bei uns zu Hause herrschen wird, wenn ich nicht brav bin, allerdings Töne unterscheiden sich. „Wüst an Tschuk aufs Aug?" – „I beiß da a Trepm in Oasch, damit se de Schaß dasteßn." Was für eine Poesie. Ich erwies mich als sehr, sehr aufnahmefähig. Und wie es bei Kindern nun mal ist: Hat man eine neue Fertigkeit erlernt, möchte man sie natürlich auch präsentieren, am liebsten denjenigen Menschen, die einem besonders wichtig und ans Herz gewachsen sind: den Eltern. „Papa, du oida Beidlpracka, reib ma amoi den Himbersoft ume." Da herrschte plötzlich Stille am Tisch. Mein Vater belegte mich mit einer Woche Nasch- und Fernsehverbot und Mutter verschwand mit weinerlicher Stimme in der Küche: „Was ham wir nur falsch g'macht mit dem Buam?" Gar nichts, liebe Mutter, ihr habt das meiste richtig gemacht und manches eben anders, als ich es tun würde …

… und auch das geht manchmal nach hinten los. Meine Tochter ist bald zwölf und sie soll sprechen, wie sie will, einfach wie ihr der Schnabel gewachsen ist. Und dieser Schnabel wächst schon etwas seltsam: „Cool, megageil, voll ätzend und manchmal wirklich krass". Mein Sprachlehrer war der Waldmüller-Park, ihrer ist offenbar der Fernseher und das Internet. Manchmal tut es schon ein wenig weh, dass gerade mein Fleisch und Blut wie ein Piefke klingt. Aber, wie gesagt, sie soll doch sprechen, wie sie will, was soll's … und dass die Sprache ihres Vaters für sie eine Fremdsprache ist, ist gar kein so großes Problem, denn ich wurde ja, wie berichtet, zweisprachig erzogen. Daheim am Tisch bin ich ihr zuliebe ein artiger Schönsprecher. Man möchte ja als Erziehungsberechtigter verstanden werden.

## Über die Fremderziehung als Folge mangelnder Selbsterziehung

Roland: Ich probiere so gut wie möglich, mich nicht mehr erziehen zu lassen. Ich verspüre immer mehr Widerstand gegen so viele Erziehungsmaßnahmen, die ich überall vorfinde, rundherum. Die sind zutiefst unangenehm. Es wird immer enger. Es wird immer beschissener. Immer mehr Regeln überall, wo du hinkommst. Es ist wirklich katastrophal. Wir lassen es uns alle gefallen. Warum? Ich weiß es nicht.

Rahim: Weil es ein Deal ist.

Roland: Womit? Mit wem?

Rahim: Je weniger du Konsequenzen deines Handelns trägst und je mehr du Freiheit ohne Konsequenzen deiner Entscheidungen lebst, desto eher werden Regeln notwendig, weil das Zusammenleben sonst nicht mehr machbar ist. Wir leben in einer Zeit, die uns den Eindruck von individueller Freiheit gibt. Ich kann vermeintlich machen, was ich will. Aber die Konsequenzen werden in einem sehr großen Ausmaß durch Systeme und Institutionen übernommen, die dazu ermutigen, Freiheit zu leben, ohne die Konsequenzen zu tragen. Das Konzept der Schuld wurde sehr stark relativiert. Wenn du heute einen Fehler machst, bist du das arme Hascherl, das aufgrund seiner Lebensgeschichte gar nicht anders kann. Das heißt, du kannst dich nicht mehr darauf verlassen, dass sich Menschen so verhalten, dass sie die Konsequenzen ihrer Handlungen berücksichtigen. Du kannst es im Zusammenleben der Menschen in urbanen Konglomerationen sehen, dass dort immer mehr antisoziales Verhalten auftritt. Und um das zu verhindern, werden immer mehr Regeln erlassen. Die Überwachungskameras sind jetzt nicht so, wie im Roman „1984" von George Orwell geschildert, tatsächlich eine bewusste Planungsaktion einer kleinen Elite, die dich kontrollieren will. Zu einem guten Teil sind diese Überwachungskameras von der Bevölkerung selbst gewünscht, weil das ihr Sicherheitsgefühl vergrößert. Heute kann es vorkommen, dass man grundlos oder wegen eines Handys verprügelt oder gar niedergestochen wird. Diese Fälle gibt es, also schwer antisoziales Verhalten, sinnlose Aggression. Großbritannien, das Land mit den meisten Überwachungskameras, ist hier führend. In diesem Land sind Moden wie *Happy Slapping* aufgekommen. Happy Slapping heißt: Jugendliche machen sich einen Spaß daraus, mit ihren Handykameras zu filmen, wie sie Passanten auf der Straße eine reinhauen. Aus ihrer Sicht haben sie dann lustige Videos, die sie auf YouTube hochladen. Das war eine Zeit lang ein Hype in Großbritannien. Die Bevölkerung war verängstigt und sehr erleichtert, als es dann mehr offizielle Kameras gegeben hat, nicht nur die Handykameras der Jugendlichen, sodass die Täter ausgeforscht werden können. Das ist eine Spirale, die sich verstärkt. Mit jeder neuen antisozialen Tat, mit jedem Amoklauf werden die Regeln zunehmen.

Eugen: Also deine These, Rahim, ist, dass du sagst: Wenn man sich selbst keine Regeln geben kann, dann geben einem die anderen welche.

Rahim: Ja. Wenn du dich selbst nicht erziehen kannst, wirst du erzogen.

Roland: Dann müsste man den Leuten sagen: „Haut zurück!" Dann wäre der Spuk bald vorbei. Wenn der erste Bub mit der Handykamera einmal selbst vor laufender Kamera eine derartige Fotzen kriegt, dass das Blut spritzt, ist es bald vorbei.

Rahim: Derzeit haben diese Burschen kaum etwas zu befürchten. Sie sind in aller Regel noch gar nicht strafmündig. Und wenn ja, dann haben sie nichts zu verlieren, weil sie kein Einkommen und kein Vermögen haben. Falls du erwischt wirst, und die Wahrscheinlichkeit ist schon relativ gering, hast du es mit dem britischen Rechtsstaat zu tun, der aber kein Rechtsstaat, sondern ein Gesetzesstaat ist, in dem die Mühlen mahlen. Das heißt, dass es vielleicht irgendwann nach fünf Jahren ein Urteil gibt, das dir vielleicht zwei Wochen Sozialarbeit aufbrummt. Wenn es schlimm geht, wirst du ein Jahr eingebuchtet in einem Gefängnis, das für dich eine positive Abwechslung zu deinem Alltag ist, weil du dort in aller Regel eine Berufsausbildung bekommst. Und nach dem Gefängnis, da hast du eine unglaubliche Street Credibility, weil du endlich in diese Unterschichtskultur reinpasst. Du bist der erste Rapper, der etwas zu erzählen hat. Total leiwand. Also im schlimmsten Fall wirst du belohnt dafür. Was machen jetzt die Passanten, die sich wehren? Die haben relativ schnell eine Notwehrüberschreitung am Hals. Es kann sogar sein, dass sie jemanden schwer verletzen oder gar töten. Dann ist ihre Existenz ruiniert. Denn wenn du zurückschlägst und es ist ein Rudel von fünf 16-, 17-Jährigen, musst du schon ordentlich zurückschlagen.

Eugen: Da musst du Gas geben.

Roland: Du musst ein Programm fahren.

Rahim: Wenn du nicht wegläufst, musst du ein Programm fahren. Straßenkampf darf man sich nicht so vorstellen, dass da ein paar Leute ein bisschen boxen. Weil wenn du zurückschlägst, dann weißt du, es geht um Leben und Tod. Darum musst du die Angreifer mit einem Tritt und mit einem Schlag ausschalten.

Roland: Oder mit einem Schuss.

Eugen: So weit darf es aber gar nicht kommen. Das ist ja entsetzlich. Es darf nicht so weit kommen, dass ich auf der Straße gehe und mein Brot und meinen Käse heimbringe und mich jemand überfällt. Diese Erfahrung brauche ich nicht.

Roland: Das kann passieren.

Rahim: Das kommt vor.

Eugen: Ich weiß, dass es vorkommt. Aber es dürfte nicht vorkommen. Da hat irgendetwas mit der Erziehung nicht funktioniert.

Roland: Ich glaube, da sind wir schon weit weg von der Erziehung. Da funktioniert mit unserer ganzen Gesellschaft etwas nicht.

## Aus meinem Vortrag (6)

*von Roland Düringer*

„Wer einmal lügt, dem glaubt man nicht. Schreib dir das hinter die Ohren!" Abgesehen davon, dass es gar nicht so leicht ist, sich selbst etwas hinter die Ohren zu schreiben, und abgesehen davon, dass es, wenn es endlich hinter den Ohren steht, nicht gut lesbar ist – in diesem Fall hat der Erziehungsberechtigte ja nicht unrecht. Wer einmal lügt, dem glaubt man nicht. Das ist aber nur die halbe Wahrheit. Richtiger sollte es heißen: „Wer einmal lügt, dem glaubt man nicht. Aber wer immer lügt, dem glauben Millionen." Dafür gibt es in der Geschichte viele Beispiele.

Eine der vielen Lügen, die wir alle schon einmal gehört haben, lautet: „Du lernst nicht für die Schule, sondern du lernst fürs Leben." Und jetzt erinnern Sie sich einmal kurz an Ihre Schulzeit. Was von all dem, das man Ihnen damals eintrichtern wollte, hat in weiterer Folge für Sie in Ihrem Leben Bedeutung erlangt, hat Sie in Ihrer menschlichen Entwicklung weitergebracht und was von all dem war definitiv für den Mistkübel? Denken Sie nur an die „Bürgschaft": Schwarze Punkterln auf weißem Papier in der richtigen Reihenfolge gemerkt, das war damals ein Einser. Ganz ehrlich: Ist Nachplappern und Auswendiglernen tatsächlich ein Zeichen von Intelligenz? Ist das nicht vielmehr ein Zeichen von Blödheit?

Heißt es nicht immer: „Wissen ist Macht"? Ja, so sagen die Leute. Aber ist das nicht sehr situationsbezogen? Wissen kann doch immer nur dann Macht bedeuten, wenn ich mich mit Menschen umgebe, die weniger wissen als ich. Und selbst in diesem Fall ist das keine sichere Sache. Bleiben wir noch kurz beim Beispiel der „Bürgschaft". Wenn jetzt etwa eine Literaturwissenschaftlerin beim abendlichen Joggen im Park vollkommen unerwartet ihrem Zukünftigen … zukünftigen Vergewaltiger gegenübersteht, der vielleicht schon in der Volksschule kläglich gescheitert ist, dann wird sie ihr Wissen um den Inhalt der „Bürgschaft", selbst der fehlerlose Vortrag nicht vor ihrem Peiniger schützen können. Da wäre doch eine im Jogginganzug befindliche Smith & Wesson in Verbindung mit einem gezielten Schuss in die Eier deutlich mehr Macht. Die 357 Magnum merkt sich der Übeltäter ein Leben lang. Die „Bürgschaft", die merkt sich der nicht …

## Über die Erziehung von Unerzogenen und Unerziehbaren

Rahim: Einspruch! Hier hat doch offenkundig nicht die Literaturwissenschaftlerin, sondern der Verbrecher ein „Erziehungsproblem". Freilich, der größte Teil unseres Wissens, aber auch unserer Kultur, unserer Persönlichkeit, unseres Menschseins wird in Überlebenssituationen irrelevant. Zum Glück geht es nicht mehr bloß um das Überleben, sondern um ein gutes Leben. Und selbst wenn es um das Überleben geht, sind die Reste an Kultur, die wir uns in diesen Momenten bewahren, oft dafür entscheidend, dass sich das Überleben überhaupt lohnt.

Roland: Und welchen konkreten Nutzen hat das Auswendiglernen der „Bürgschaft"?

Rahim: Ach, bestünde das Leben nur aus Nützlichem, wie leer wäre es! Ich verstehe deinen Vorbehalt gegenüber dem zwangsweisen Auswendiglernen. Das Problem ist der schulische Kontext, nicht das Auswendiglernen. Im Iran können selbst die einfachsten Menschen unzählige Gedichte auswendig aufsagen. Vermutlich hat die iranische Kultur überhaupt nur aufgrund dieser mündlichen Tradition überlebt. Doch dieses Auswendiglernen passiert hauptsächlich spontan, nebenbei, aus eigenem Antrieb, nicht bloß in Massenbeschulungsanstalten. Heute lernen bei uns Schüler kaum noch Gedichte auswendig, doch der schulische Kontext ist derselbe geblieben. Derselbe Stress, doch am Ende können die Schüler dann nicht einmal mehr ein Gedicht auswendig. Das ist schon ein wenig ein kultureller Verlust.

Roland: Nun gut, aber das Aufsagen von Gedichten ist nun wirklich kein Wissen, das den Stress wert ist.

Rahim: Es ist kein Wissen, das es wert ist, zwangsweise eingetrichtert zu werden. Kein Wissen kann jemals menschliche Vergehen aus der Welt schaffen. Viele Philosophen fallen auf diesen naiven Optimismus herein: dass mehr Wissen die Menschen automatisch besser macht, also wenn mehr Menschen die „Bürgschaft" aufsagen können, es auch weniger Vergewaltiger gäbe. Diese Vorstellung war auch eine der stärksten Triebfedern für die zwangsweise Ausdehnung der Beschulung. In diesem Sinne hast du völlig recht, dass humanistische Bildung die Menschen nicht automatisch humaner macht. Moral ist keine Frage der Bildung, eher noch eine der Erziehung.

Roland: Wie könnte man denn einen Vergewaltiger oder diese Jugendlichen, die Passanten verprügeln, jetzt erziehen?

Rahim: Es gibt zwei Seiten in der Erziehung: Liebe und Zuneigung auf der einen Seite und auf der anderen Seite, die Konsequenzen für eigenes Verhalten erfahren lernen. Du kannst einem Menschen nur so weit Freiheit zugestehen, wie er Konsequenzen tragen kann und zu tragen bereit ist.

Roland: Liebe und Zuneigung bei so einem? Kommst du da mit Liebe und Zuneigung überhaupt noch ran?

Rahim: Sie darf nicht als Reaktion erfolgen, sonst wird sie als Konsequenz wahrgenommen. Das wäre die falsche Logik. Es darf nicht sein, dass erst dann, wenn du jemanden umbringst, dir zum ersten Mal die Leute zuhören, dich verstehen wollen und auf dich eingehen, dir einen Psychologen und einen Betreuungsplatz besorgen. Dann sagst du dir: „Toll, die Strategie funktioniert!" Das ist das Gefährliche. Das heißt, die Zuneigung darf nicht als Resultat erfolgen. Wenn es die Familie als Zufluchtsort nicht mehr gibt, müsste es gelingen, durch Adoption oder Ähnliches einen Raum zu schaffen, in dem Familie erfahren werden kann.

Roland: Ist das nicht unrealistisch? Ist das nicht eine Utopie von einem Sozialromantiker? Was machst du mit dem? Wenn ich sage, den gebe ich zu einer

Familie, dann dauert es nicht lange, bis er dort zu stehlen beginnt. Also was machst du jetzt wirklich mit so einer Kretzn?

Rahim: Letztlich muss er den Schaden in irgendeiner Form gutmachen. Du musst ihn unter Zwang dazu bringen, dass er tätig wird und den Schaden gutmacht.

Roland: Ich glaube, am besten wäre das, was bei Indianerstämmen ganz normal war: Wer eine Gefahr für den Stamm ist, wird vertrieben, und zwar so, dass er nie wieder zurückkommen kann. Jetzt verlassen wir uns als Gemeinschaft darauf, dass es Überwachungskameras gibt, dass es Gesetze gibt und dass man die Polizei holen kann. Dadurch gibt es immer mehr Regeln und Vorschriften für alle. Aber es handelt sich nur um kleine Gruppen und vor allem um die Alphatierchen in diesen Gruppen. Wenn man die vertreibt oder brandmarkt, sodass, egal wo sie hinkommen, jeder sieht, die haben „Kretzn" am Hirn oben stehen, ist das Problem erledigt.

Rahim: Wenn asoziales Verhalten gehäuft auftritt, stimmt mit der Gemeinschaft als Ganzes etwas nicht. In aller Regel gibt es da keine Gemeinschaft mehr.

Roland: Richtig. In einer funktionierenden Gemeinschaft kann so etwas nicht vorkommen. In kleinen Dorfgemeinschaften etwa gibt es das nicht. Wenn es dort so einen Trottel gibt oder zwei, dann sind die „g'macht", wie man so schön sagt. Das alles kann erst in der nicht artgerechten Menschenhaltung passieren. Aber du hast vorher die Wiedergutmachung angesprochen. Bei den Irokesen war es Gesetz, dass jemand, der bei einer Stammesfehde einen anderen mit einem Messer verletzt hat, die Möglichkeit erhalten hat, das wiedergutzumachen, indem er ein besonderes Messer plus andere Sachen dem anderen Stamm geschenkt hat.

Rahim: In fast allen historischen Gemeinschaften gab es die Möglichkeit, dass die Familie des Opfers dem Täter verzeiht, wenn der Täter ein Wergeld leistet. „Wer" ist ein alter Ausdruck für Mann. Also für jemanden, den du tötest, kannst du bei der Familie Wiedergutmachung leisten. Es ist aber nicht so, dass du das einfach kaufen kannst. Weil die Familie hat das Recht, dich umzubringen. Das kann zu Sippenfehden führen, die lange andauern. Aber du kannst aus der Gewaltspirale rauskommen, wenn die Familie des Opfers auf ihr Recht, dich umzubringen, verzichtet oder du sie überzeugen kannst, darauf zu verzichten. Dann leistest du eine Entschädigung. Das ist eine sehr gute Regel. Nur leider hat irgendwann einmal die staatliche Obrigkeit gesagt: „Das ist ein Haufen Geld, das da kassiert wird. Das wollen wir haben." Und so wurde ein Offizialdelikt daraus gemacht. Es wurden einfach immer mehr Delikte zu Offizialdelikten erklärt.

Roland: Genau. Heute ist es ja so, dass der Staat die Strafen kassiert. Warum eigentlich?

Rahim: Man hat gesagt: „Das Schlimmste an einem Mord ist, dass der King's Peace gebrochen wurde." Wenn du den Königsfrieden zerstört hast, musst du den König entschädigen. Der König ärgert sich nämlich so sehr.

Roland: Wie kommt der arme König dazu?

# Über das Schweigen

*von Eugen Maria Schulak*

Meine Karriere als Schauspieler war kurz. Ich muss wohl sieben Jahre alt gewesen sein, als die dicklichen Damen vom Elternverein die Idee überfiel, ein Theaterstück aufzuführen. Vielleicht hatten sie ja ihre Freude daran, drolligen Kindern dabei zuzusehen, wie sie auf die Bühne stolpern, sich im Vorhang verfangen und versprechen, wer weiß. Jedenfalls kann ich mich erinnern, dass man mich nach einiger Überzeugungsarbeit (mit einem Murren meinerseits) dazu brachte, mitzuwirken. Gleich am nächsten Tag kam die freudige Überraschung. Ich sollte eine Zahl spielen, die „5“. Meine Rolle bestand darin, erst einmal als „5“ verkleidet zu werden. Die Verkleidung war genial: Man klebte mir mit Tixo einen Zettel auf den Pullover, auf dem deutlich, mit dickem schwarzen Filzstift geschrieben, ein fetter Fünfer zu lesen war. Mich machte das alles ziemlich unglücklich, auch weil das Tixo meinen Pullover nicht zu fassen vermochte. Geprobt wurde so gut wie gar nicht. Ich bekam einen Zettel, auf dem sich mein Text befand. Den musste ich bis zur Aufführung auswendig lernen. Bis heute habe ich ihn vergessen. Das Einzige, was ich über ihn noch berichten kann, ist seine Form, dass es ein Vierzeiler war, der sich reimte. Die Reime erschienen mir sehr dumm und schlecht. Deswegen konnte ich sie auch nicht auswendig lernen.

Schließlich kam der Tag der Aufführung. Zuerst schminken, lustig natürlich, mit viel Rot im Gesicht. Dann kam der Zettel mit dem Fünfer, der schon Falten hatte, mit einem frischen Streifen Tixo. Das Tixo mochte meinen Pullover immer noch nicht. Als ich die Bühne betrat, schwebte der Zettel elegant zu Boden. Damit hatte ich gerechnet. Und so hielt ich den Zettel tapfer in der Hand und ging zur vorgesehenen Stelle, an der ich meinen kleinen schlechten Reim aufzusagen hatte. Bloß, er fiel mir partout nicht mehr ein. Ich ging auf die Bühne und schwieg. Lange, sehr lange, viel zu lange. Dann versuchten alle, mir einzusagen. Zuerst der Herr Lehrer, der die Rolle des Regisseurs übernommen hatte und alle Texte auswendig konnte. Dann mein Leidenskollege, die „4", die ihren Spruch schon erfolgreich zum Besten gegeben hatte und sich den meinen, zu allem Überfluss, auch noch merken konnte. Dann versuchte es eine der dicklichen Damen, die das Buch mit dem Text in der Hand hielt. Sie rief mir ihre schlechten Reime vom Publikum aus zur Bühne entgegen, in einer Lautstärke, dass es jeder, aber wirklich jeder im Saal hören konnte. Ich schwieg. Was hätte ich auch anderes tun sollen? Hätte ich vielleicht den Text, den alle schon gehört hatten, noch einmal nachsagen sollen? Das hätte die Sache noch viel schlimmer gemacht. Schweigen war in diesem Fall viel besser.

## Was ist gute Erziehung heute?

Roland: Unser Erziehungssystem hat uns als Gesellschaft im Gesamten nirgendwo hingebracht. Es fängt immer wieder beim gleichen Blödsinn an, finde ich. Es wird sogar eher schlimmer. Die Kinder werden aggressiver. Also das Konzept, das wir haben, funktioniert nicht.

Rahim: Ich glaube nicht, dass das ein Erziehungssystem ist, das da greift und immer stärker greift. Das wäre dann der Fall, wenn die Eltern eines hätten und traditionell schon so lange etwas falsch machen würden, dass die Auswirkungen eben jetzt zum Vorschein kommen. Doch es ist eher das Problem, dass die Eltern, wenn die Kinder aggressiv sind, verzweifeln und sagen: „Ich weiß gar nicht, was ich tun soll." Das Verblüffende ist, dass die Eltern, meinen Beobachtungen nach, eine relativ geringe Rolle spielen. Es gibt bestimmte Trends, wie höhere Aggressivität, verstärkter Narzissmus, größerer Pragmatismus, die in gewisser Häufung jetzt unter jungen Leuten auftreten. Ich glaube, das hängt relativ wenig mit den Erziehungsformen des Elternhauses zusammen.

Roland: Ich habe nicht nur das Elternhaus gemeint, sondern alle Systeme, die man durchlaufen muss, bis man jetzt in die weite Welt geschickt wird. Das beginnt im Elternhaus und endet möglicherweise an der Universität. Und wenn man seine Ausbildung beendet hat, ist man jemand, der dem System dienen kann und so selbst ein Teil des Systems wird.

Rahim: Ich glaube, der Grund dafür liegt darin, dass unsere Lebensformen durchlässiger geworden sind für den Wahnsinn der Welt. Du kannst dich immer schwerer davon abschotten. Das Kind verbringt tendenziell länger und mehr Zeit in geschlossenen Anstalten. Diese geschlossenen Anstalten sind viel durchlässiger für allerlei Wahnsinn als früher. Aber du hast auch noch die Massenmedien. Jedes Elternhaus ist extrem durchlässig. Der Wahnsinn kommt ins Wohnzimmer. Der Wahnsinn ist im Wohnzimmer. Der Wahnsinn ist in der Schule. Aber zum Teil war das eine gute Intention. Die Lehrer wollten die Schule offener machen für den Alltag und die Probleme der Zeit. Sie haben mit ihren Schülern Meinungen über Weltprobleme ausgetauscht, über Umweltzerstörung, Aids und Krieg diskutiert, dazu Filme gesehen und Projektwochen gemacht. Der Kontext ist politischer geworden. Und die Gleichschaltung im Denken wird tendenziell immer höher. Das Umfeld ist homogener geworden, weil du eine viel stärkere Durchflutung hast, allein schon durch die Smartphones. Da kommen Inhalte. Du wirst in diesem Sinne immer stärker angeschlossen an dieses Kollektiv-Ding, das sich in eine seltsame Richtung entwickelt.

Eugen: Was das Ganze so drückend macht, ist, dass sich die Eltern ja genau in der gleichen Situation befinden wie ihre Kinder. Sie haben den Wahnsinn der Welt, der auf sie hereinrieselt und dem sie im Grunde keine Beachtung schenken sollten, ebenso am Hals, und sie haben ihn bereits viel länger am Hals als ihre Kinder. Die meisten Eltern haben in ihrem Leben schon so viel ferngesehen, Zeitung gelesen und Programmradio gehört, dass sie eigentlich gar nicht mehr zurechnungsfähig sind. Nur wenige Menschen kommen heute zur Besinnung, weil sie sich vor allem mit Dingen beschäftigen, die nicht aus ihnen selbst hervorgegangen sind. Da gibt es sehr viel passives Konsumverhalten. Dass wir im Zeitalter des Individualismus leben sollen, ist ein Witz. Wir sind Herdentiere geworden, die in der Regel lustlos zur Arbeit gehen und dann in der Freizeit versuchen, durch hohen Konsum das alles wieder auszugleichen. Sowohl das Arbeiten als auch das Konsumieren bereitet uns derartigen Stress, wir theatern uns da derart in irgendwelche unnötigen Dinge hinein, dass wir rein rechnerisch gar keine Zeit mehr haben können, unseren Kindern zuzuhören. Aber vor allem: Wir selbst sind nicht das Gegengift zu diesem Wahnsinn, sondern in der Regel bloß sein Zerrbild. Wir selber haben in aller Regel kein Lebenskonzept, das uns stark und immun gegen diesen Wahnsinn macht und das wir unseren Kindern vorleben könnten. Deswegen sind die Kinder oft auch so verzweifelt, weil sie ahnen, dass von ihren Eltern nicht viel zu erwarten ist.

Rahim: Meine Beobachtung ist, dass jene Kinder, die mich oft wirklich beeindrucken, aus völlig unterschiedlichen Familien kommen. Ich habe Positivbeispiele erlebt von ganz strengen christlichen Familien, ganz strengen islamischen Familien, sehr liberalen offenen Familien, dogmatisch atheistischen Familien, dogmatisch linken Familien, dogmatisch rechten Familien. Das, was sie alle eint, ist, dass sie sich ernst genommen haben. Dass die Eltern Prinzipien hatten, ihre Kinder geliebt haben und ihnen etwas vermitteln wollten. Was sie vermitteln wollten, war letztlich relativ egal.

Roland: Da sind wir wieder beim springenden Punkt.

Rahim: Eines der positivsten Beispiele war ein Vater, der mir gestanden hat, dass er seine Kinder geschlagen hat. Die Kinder habe ich kennengelernt. Da war ich verblüfft. Unglaublich gescheite, ruhige, erfolgreiche Menschen nach allen Maßstäben. Er hat gesagt, dass er dabei nach bestimmten Regeln vorgegangen ist. Er hat nie im Affekt geschlagen. Das war die Familienregel. Er hat gesagt, es ist sehr selten vorgekommen. Aber er hat es authentisch und integer durchgehalten bis zum Letzten. Also das war jemand, der sich selbst sehr stark erzogen hat. Er hat gesagt: „Mir ist nie die Hand ausgekommen. Da bin ich ganz, ganz streng mit mir selber. Aber in unserem Haushalt war das die Regel. Nach der dritten Ermahnung gibt es eine Ohrfeige." Ich selbst würde das nicht machen. Doch das hat mir sehr zu denken gegeben. Wenn ich das von irgendjemandem gehört hätte, hätte ich gesagt: „Das ist ein Wahnsinniger." Aber das Resultat war gut. Nicht deswegen, weil er die Kinder geschlagen hat. Das hat überhaupt nichts damit zu tun. Er hätte auch jemand sein können, der genau das Gegenteil tut, der seine Kinder aus prinzipiellen Gründen niemals schlägt, das aber ebenso konsequent durchzieht.

Eugen: Du kannst aber nie wissen, wie es in diesen gescheiten, ruhigen und erfolgreichen Kindern innen drin wirklich aussieht. Vielleicht sind sie bloß die Marionetten ihres Vaters und machen in ihrer Freizeit dann die schlimmsten Dinge, sehen aber trotzdem freundlich drein und haben einen Anzug an.

Roland: Die Möglichkeit besteht.

Rahim: Als ich sie kennengelernt habe, war das nicht der Fall. Ich muss von dieser Familie sagen, dass da viele Dinge einfach nicht passiert sind. Der Vater ist jemand, der so bewusst lebt, dass er nur Prinzipien aufstellt, die er auch für richtig hält und damit jede Fehlprogrammierung verhindert. Also ein sehr selbstreflektierender Mensch.

Eugen: Nun gut. Aber wirklich interessant war, was du vorhin gesagt hast, dass Erziehung klar sein muss. Dass es weniger auf die konkrete Dogmatik ankommt, die in einem Elternhaus vertreten wird, sondern darum geht, dass es überhaupt irgendeine Dogmatik, irgendeinen Inhalt gibt, der vermittelt wird, und vor allem konsequent vermittelt wird. Dass es überhaupt eine Linie gibt und nicht nur ein planloses Hin und Her. Dem kann ich viel abgewinnen: Wenn die Dogmen, die in der Familie üblich sind, vom Kind angenommen und positiv verinnerlicht werden, so hat das Kind eine geistige Heimat, die ihm im Leben eine Hilfe und Stütze sein kann. Wenn die Ideologien und Weltbilder, die in den Familien herrschen, hingegen abgelehnt werden, kann sich an diesem Widerstand ein Funke entzünden, der noch heller leuchten kann. Unklarheit beziehungsweise Indifferenz sind in der Erziehung weitaus das schlimmere Übel. Am allerschlimmsten ist dieses Hin und Her im emotionalen Bereich. Einmal bist du grauslich zu deinem Kind, einmal total lieb. Einmal ahndest du ein Vergehen, einmal nicht.

Roland: Den einen Tag gibt's Watschen. Den anderen Tag bist du wieder das Schatzi: „Mein Gott, was würde ich ohne dich machen."

Eugen: Da wirst du echt meschugge.

Rahim: Das Verblüffende ist, dass strenge Eltern erstaunlich wenig Schaden hinterlassen können, wenn diese Strenge nicht aus einem neurotischen Verhalten heraus kommt. Die sind wirklich so, und sind das authentisch. Sie versuchen, nach ihren Maßstäben gerecht zu sein. Das ist vorhersehbar. Das kann unangenehm sein. „Meine Mitschüler dürfen bis zehn Uhr wegbleiben. Ich muss um acht zu Hause sein. Schrecklich.“ Es ist relativ selten, dass da schwere Störungen daraus resultieren. Das sind einfach verschiedene Biografien. Du bist eben erst ab 21 ausgegangen. In den USA ist das die Regel. Dass die Leute deswegen einen Schaden kriegen, ist unwahrscheinlich. Schlimm ist es nur, wenn du in einer Familie bist, wo der Papa dieses sagt und die Mama jenes, wo dein Geschwisterchen etwas darf, aber du es nicht darfst, bloß weil du zum falschen Zeitpunkt gefragt hast.

Roland: Wo das Kind dann zu taktieren beginnt.

Rahim: Genau. So wird taktiert und es wird unaufrichtig.

# Warum die Erziehung ein lebenslanges Thema ist

*von Rahim Taghizadegan*

Selbst bin ich mangels Nachwuchs noch kein Erzieher im engeren Sinne (nur Lehrer, und das mit Freude und aus Berufung), aber ein Erzogener. Da ich kein Einzelkind bin, hielt sich meine Erziehung zum Glück in Grenzen. Ich habe die Zwangsschule ohne größeren Schaden überstanden, ignorierte den größten Teil der Beschulung, indem ich mir die Lehrer mithilfe guter Noten vom Leib hielt, die mir hinreichend leichtfielen: Ich hatte stets ein Talent, Wissen lesend aufzunehmen. Somit bin ich seit frühester Kindheit unermüdlicher Selbsterzieher und Autodidakt.

Manche von außen vorgegebene Grenze hat sich als günstig erwiesen, um ein Terrain abzustecken, in dem ich mich konkret entfalten konnte, anstatt in Ohnmacht zu verharren vor all den Optionen, die diese Welt bietet. Als Philosoph habe ich mich systematisch mit dem beschäftigt, was kluge Menschen seit jeher über Erziehung und Bildung gedacht und geschrieben haben. Dieses Wissen kann eigene Erfahrungen nicht ersetzen, doch ist es eine große Hilfe, aus eigenen und berichteten Erfahrungen zu lernen. Der Philosoph kann sich im besten Fall eine Menge Fehler sparen, die Menschen vor ihm schon begangen

haben. Leider fallen ihm dann meist hinreichend viele eigene Fehler ein, um das zu kompensieren. Der größte Fehler des Philosophen bestünde darin, sich das Thema „Erziehung" so hochzuphilosophieren, dass er aus Angst vor Fehlern einen Fehler nach dem anderen macht. Eltern, die Erziehungsratgebern mehr Aufmerksamkeit schenken als den eigenen Kindern, sind solche Philosophen im schlechtesten Sinne. Bevor ich selbst Kinder in die Welt setze, habe ich als Philosoph also folgende Pflicht: So gründlich darüber nachzudenken, dass ich einen angstfreien, erkenntnisoffenen, maßvollen und mußevollen Zugang zum Thema gewinne.

## Kinder lieben eigenständige Erfahrungen

Roland: Der Neurobiologe Gerald Hüther schreibt in seinen Büchern, dass Kinderarbeit die tollste Arbeit ist, die es gibt. Das meint er nicht ironisch. Das Gehirn eines Kindes leistet Unglaubliches. Es ist ständig damit beschäftigt, Erfahrungen zu verarbeiten und sich weiterzuentwickeln. Wenn man dem Kind die Chance dazu gibt, kann es unglaublich viel selbst erfahren, selbst entdecken und ganz alleine Zusammenhänge erkennen. Die intelligenten Gehirne sind jene, die einfach pausenlos gefordert sind.

Eugen: Und die Kinder wollen das auch.

Roland: Die wollen das. Das will ein Kind.

Eugen: Meine Mutter hat mir gesagt, dass „Selber allein, selber allein" einer meiner Standardsprüche war als Kind. Ich wollte immer alles selber und alleine machen.

Roland: Genau. Alleine. Das ist ganz, ganz wichtig, dass man den Kindern nichts abnimmt. Das ist nichts Unangenehmes. Heute wollen wir unseren Kindern alles abnehmen. Das fängt schon damit an, dass man sie nicht mehr im Dreck spielen lässt, obwohl man weiß, dass es nichts Besseres für das Immunsystem gibt, als dass du als Kind irrsinnig oft im Gatsch spielst oder in den Dreck reingreifst und dein Körper so mit diesen Dingen umzugehen lernt und Strategien dagegen aufbauen kann. Wenn er das einmal gelernt hat, der Körper, kann er es für immer. Kinder, die im Dreck spielen, haben weniger Allergien. Das hängt damit zusammen, dass nicht nur das Gehirn, sondern jede Zelle lernt und immer weiterlernt. Wie schön ist das doch für ein Kind, wenn es plötzlich etwas geschafft hat, ganz alleine. Die ersten Schritte alleine: niederfallen, aufstehen, niederfallen, aufstehen. Es gibt kein Kind, das gehen lernt und dann beim Niederfallen weint, weil es glaubt, es ist gescheitert.

# Der Erzieher kann vom Zögling viel lernen

*von Roland Düringer*

Gut ist, wenn jener, der erzieht, erkennen kann, dass er ebenso der Lernende ist. Ich habe das bei meiner Tochter gut beobachten und von ihr sehr viel lernen können, als sie noch ein kleines Kind war. Es ist die Zeit, in der das heranwachsende Individuum die Welt entdeckt, und es war verblüffend zu sehen, mit wie viel Energie, Geduld und Weisheit sich meine Tochter den Aufgaben des Lebens stellte, ohne über ein angelerntes Wissen zu verfügen. Allein ihr Essverhalten war höchst lehrreich. Entweder holte sie sich den Käse oder die Wurst vom Brot oder sie ließ das Eiweiß auf dem Teller und aß nur das Brot, die Kohlehydrate also. Wer sich ein wenig mit seinem Verdauungsapparat auseinandergesetzt hat, weiß, dass die Trennung von Eiweiß und Kohlehydraten der Verwertung unserer Nahrung sehr zuträglich ist, weil dadurch zur rechten Zeit die entsprechenden Enzyme bereitgestellt und damit gut verdaut werden können. Kohlehydrate, zusammen mit Eiweiß und vielleicht gar noch Rohkost, das klassische Menü also: Fleisch, Beilage und Salat stellen unser zwischen den roten Lippen und dem Popoloch befindliches Organ, unseren Verdauungsapparat, vor eine unlösbare Aufgabe. Unsere Mahlzeit wird in diesem Fall nicht verdaut, sondern vergärt oder verfault, und das tut unserem Organismus nicht gut. Kinder haben manchmal ein von den Erwachsenen unterschätztes Gespür für sich selbst.

Aus meiner Kindheit kann ich mich erinnern, dass ich ebenso immer versuchte, mir die Wurst vom Brot zu stehlen, wurde von der Mutter aber rasch umerzogen: „Nein, nicht nur die Wurst alleine, schön brav auch ein Brot dazu essen, gell." Ich habe 40 Jahre gebraucht, um meine Ernährung wieder, der kindlichen Intelligenz folgend, umzustellen.

Oder beobachten wir nur, wie Kinder das Gehen lernen. Was für eine Arbeit, eine richtige Schwerarbeit ist das. Es bedarf einer enormen Arbeitsleistung, sowohl für das Gehirn als auch für den kleinen Körper, diese Aufgabe zu meistern. Das ist Arbeit im besten Sinne, Arbeit, die einen wachsen und gedeihen lässt. Es gibt nichts Schöneres, als Kindern bei sinnvoller Arbeit zuzusehen, da bekommt das Wort Kinderarbeit gleich eine andere Bedeutung. Mit welcher Hingabe und Geduld sich Kinder diesem „Learning by Doing" stellen, wie sie das anfänglich ständige Scheitern lachend in Kauf nehmen. Ich kann mich nicht erinnern, meiner Tochter jemals Anleitungen dafür gegeben oder sie zum Üben der ersten Schritte aufgefordert zu haben. Ganz ohne Zwang, ohne Belohnung und ohne Motivation von außen, rein aus innerem Antrieb und voller Begeisterung, als wäre das Leben ein Spiel. Aufstehen, ein Schritt, stolpern, fallen, darüber lachen, aus dem Niederfallen neue Kraft schöpfen und wieder hochrappeln zum nächsten Versuch. Das ist etwas, das ich erst wieder lernen musste. Nun bin ich ja bald 50 Jahre alt und praktiziere seit vielen Jahren regelmäßig Körpertraining. In den letzten Jahren versuche ich Geist und Körper durch „Bodyweight-Training" zu stärken und harmonisieren. Dabei verzichtet man auf aufwendige Maschinen oder Gerätschaften und verwendet das eigene Körpergewicht, die Schwerkraft also, um die Muskeln zu kräftigen und ihr Zusammenspiel zu verbessern. Neben Kraft und Ausdauer schult man dabei auch Koordination und Gleichgewicht und lernt dabei Fertigkeiten. Im speziellen Fall Schnurspringen. Schnurspringen ist ja nun keine wirklich besondere Fertigkeit und kinderleicht, wenn man es kann. Wenn man es, so wie ich, nicht kann, ist es eine wirkliche Pein, in meinem Alter Schnurspringen zu erlernen. 15 Mal über die Schnur stolpern, 11 Mal in der Schnur verwickeln und 6 Mal die Schnur auf den Kopf schlagen, und schon fliegt der „böse Feind", die Schnur mit einem lauten „i scheiß drauf" in die Ecke. Wozu üben, wenn man's eh nicht kann und niemals können wird? Mein Freund, Trainingspartner und Kampfkunstlehrer Ronny Kokert, wir selbst nennen uns gerne ironisch „Die bewegten Krieger", erahnte aber sofort den grundlegenden Fehler bei der Ausführung der Übung und lieferte folgende Analyse: „Dein Fehler ist, du trainierst Schnurspringen wie ein Erwachsener. Also diese Verbissenheit, dass man zu einem Ziel gelangen will. Dass man, wenn man etwas tut, schon das fertige Ziel vor Augen hat und weiß, wie es gehört und das ist aber so weit weg

von dem, was du kannst, dass du sagst: ‚Scheiß drauf. Das lerne ich ja nie. Ich hau' den Hut drauf.' Du hast genau im Kopf, wie diese Fertigkeit bei einem Profi aussieht, einem Boxer zum Beispiel, wahrscheinlich hast du auch alle Rocky-Filme mehrmals gesehen. Das heißt, du möchtest so schnell wie möglich Erfolg haben und springen wie Rocky Balboa. Ich kenne kaum Erwachsene, die nicht nach 20 Versuchen die Springschnur in die Ecke schmeißen.

Probiere ganz einfach eine andere Variante und mach es wie ein Kind, das sich selbst Schnurspringen lernt. Da gibt es kein: ‚Scheiß drauf, ich bin eh zu blöd.' Da gibt es nur: ‚Pfau, super, jetzt habe ich es eine Sekunde geschafft. Jetzt schaffe ich es zwei Sekunden.'" Und das habe ich probiert, ich wurde zu meiner Tochter, die gehen lernt. Jeder Fehlversuch war mir ein Schmunzeln über mich selbst wert und jede gewonnene Sekunde zauberte ein Lächeln in mein Gesicht. „Und gleich her mit der Schnur, gleich noch einmal und noch einmal, bitte Papa, einmal noch."

**„Erklimme den Berg mit einem Lächeln."**

So spricht jemand, der sehr viele Kung-Fu-Filme gesehen hat, oder einer, der noch nie mit Kindern eine Bergwanderung gemacht hat …

*Und wie ich da sitze und schreibe, fällt mir ein: Ich hab' schon lange nicht mehr die Springschnur in der Hand gehabt … weiterschreiben kann ich später auch noch … yippieee!!!*

# Was das Lernen vom Erzogenwerden unterscheidet

Roland: Wir haben bislang noch keine klare Grenze gefunden zwischen Lernen und Erziehen. Ich glaube, dass Lernen und Erziehen sehr unterschiedliche Dinge sind. Weil wenn man erzogen wird, hat man noch nichts gelernt. Das Einzige, was man vielleicht gelernt hat, ist, dass es Regeln und Verhaltensweisen gibt, um mich richtig zu benehmen, nicht aufzufallen, ein guter Mensch zu sein, gelobt zu werden. Ich muss eben gewisse Spielregeln einhalten. Erziehen ist für mich wie Spielregeln zu erlernen für dieses Spiel, das wir alle miteinander spielen.

Eugen: Das eigentliche Lernen ist hingegen mit Einsicht verbunden.

Roland: Lernen ist Einsicht, weil es das Erlernen von Fähigkeiten ist. Zu einem Handstand werde ich nicht erzogen. Den muss mich wer lehren. Du gehst nicht zum Gitarrenerzieher. Du gehst zum Gitarrenlehrer. Nehmen wir beispielsweise die Verkehrserziehung her. Kinder sind früher auf einen Verkehrsübungsplatz gebracht worden, wo sie mit Fahrrädern durch einen kleinen Parcours haben fahren müssen, wo ein Zebrastreifen war, wo es eine Ampel gab und Verkehrsschilder. Das ist Verkehrserziehung.

Eugen: Wo sie auch lernen, rechtzeitig zu bremsen.

Roland: Nein. Das Bremsen lernen sie auch ohne diese Schilder.

Eugen: Wo dir einer sagt, du musst schnell fahren und dann dort bei diesem Strich stehenbleiben.

Roland: Da lerne ich etwas. Das ist nicht erziehen.

Eugen: Aber das findet doch auch alles während dieser Verkehrserziehung statt.

Roland: Darum ging es nicht.

Eugen: Darum ging es nicht?

Roland: Es ging darum, von den Ampeln und den Schildern erzogen zu werden und ihnen zu gehorchen. Du lernst auch in einer Fahrschule nicht wirklich Autofahren. Schon. Du lernst das Gerät einmal zu bedienen und fährst ein wenig. Aber du lernst in einer Fahrschule vor allem, dich an Regeln zu halten. Wo habe ich Vorrang? Wo nicht? Was für Pflichten habe ich? Wann bekomme ich eine Strafe? Du lernst aber nicht Autofahren. Autofahren wirst du lernen auf einem zugefrorenen See am Eis, wo du erst verstehen lernst, was ein Auto macht. Das ist Autofahren. Aber durch die Stadt zu fahren und sich an Regeln zu halten zur rechten Zeit, das hat nichts mit der Fertigkeit des Autofahrens zu tun.

Eugen: Ich verstehe dich.

# Was Rattenkinder intelligent macht

*von Eugen Maria Schulak*

Man nehme hundert süße Rattenkinder, die genetisch relativ gleichwertig sind und gerade von ihren Müttern entwöhnt wurden. Dann teile man sie in zwei Gruppen zu je fünfzig Tieren und lasse sie in unterschiedlichen Milieus aufwachsen. Das erste Milieu soll reich an positiven Reizen sein, ein Rattenkindergarten im besten Sinne des Wortes. Da gibt es unterschiedliche Farben, mit denen das Zimmer beleuchtet wird, Futterautomaten, die mit der Nasenspitze bedient werden können, einen Springbrunnen, der als Wasserspender dient etc. Das zweite Milieu ist genauso groß wie das erste. Es gibt dasselbe Futter in derselben Menge, dieselbe Temperatur, alles ist gleich, bloß: Es ist dort endlos langweilig. Es gibt keine Spielsachen und keine Abwechslung. Dann sieht man zu, wie die Ratten größer und erwachsen werden. Und dann macht man Intelligenztests mit ihnen. Wie das funktioniert? Man baut ein großes Labyrinth auf, das so aussieht wie jene, die man von Kreuzworträtselzeitschriften her kennt, auf denen man mit dem Bleistift so lange herumfahren muss, bis man an ein totes Ende kommt oder eben ans Ziel. Im Zentrum dieses Labyrinths, dessen Gänge mit hohen Wänden versehen sind, befindet sich ein Stück Käse oder Speck, jedenfalls etwas, das stark riecht und den Ratten schmeckt.

Dann werden die Ratten aus beiden Milieus ein paar Tage ausgehungert und markiert. Schließlich setzt man jede einzeln vor den Eingang, nimmt die Stoppuhr zur Hand und stoppt die Zeit, die sie braucht, bis sie beim Futter angelangt ist. Das Ergebnis ist, und der Versuch wurde oftmals wiederholt, dass jene Ratten, die aus dem reizreichen Milieu kamen, sich von den anderen Ratten, die aus dem reizarmen Milieu stammten, zu hundert Prozent auseinanderdividiert haben, was die Schnelligkeit betrifft. Die Schnelligkeit gilt in diesem Experiment als Maß für Intelligenz. Das heißt, die langsamste Ratte aus dem lusti-

gen Rattenkindergarten war immer noch schneller als die schnellste Ratte aus dem reizarmen Milieu. Innerhalb einer Generation wurden genetisch nahezu gleichwertige Tiere durch die Wirkung unterschiedlicher Milieus zu leistungsmäßig völlig unterschiedlichen Tieren. Ratten sind zumindest Säugetiere wie die Menschen.

## Über Erziehungsmethoden

Rahim: Von der Möglichkeit der Selbsterziehung haben wir ja schon gesprochen. Roland hat uns von seinem Wohnwagen erzählt, der für ihn eine Selbsterziehungsmaßnahme ist. Aber Selbsterziehung findest du zum Beispiel auch bei jungen Leuten, die für eine Schularbeit lernen. Die ganz besonders Vifen machen sich Systeme, sodass sie sich selber dafür belohnen können, wenn sie etwas gelernt haben. Das ist ein Versuch der Selbsterziehung. Die gewiefteste Form, die ich gesehen habe, war, dass sich jemand ein Zuckerl nach jedem Absatz aufs Buch hingelegt und sich vorgesagt hat: „Das habe ich gelernt, das kann ich wiedergeben. Zuckerl!" Das ist ein Versuch der Abrichtung des eigenen Geistes.

Roland: Das ist Erziehung. Der Text, den du dann kannst, das ist das Gelernte. Aber der Schmäh mit dem Zuckerl, das ist die Erziehung.

Eugen: Deswegen handelt die Pädagogik, die Erziehungswissenschaft, auch zu einem guten Teil von den Methoden, wie man das macht, wie man erzieht. Und es gibt unterschiedliche Methoden. Das wäre jetzt eine.

Rahim: Belohnung und Bestrafung, die klassische, alte Methode.

Roland: Auf die kommt man schnell drauf. Aber es gibt noch andere. Ich, zum Beispiel, muss als Schauspieler viel Text lernen, weil ich den irgendwann mal wiedergeben muss. Ich bin draufgekommen, durch viele Versuche, wie ich am besten lerne. Nämlich so, dass ich mir den Text auf irgendeinen Speicher draufspreche und mir ihn dann zu allen möglichen Gelegenheiten, im Auto, wo auch immer, manchmal über Kopfhörer, anhöre. Irgendwie läuft das immer so mit. Da merke ich, dass irrsinnig viel von dem Text in meinem Gehirn ankommt. Dazu habe ich mich aber selbst erzogen.

Eugen: Du lässt dein Unterbewusstes lernen.

Roland: Ich weiß genau: Wenn ich im Auto eine CD habe und sie immer wieder höre, kann ich irgendwann den Text mitsingen, obwohl ich ihn nie gelernt habe. Das ist meine Erziehung, dass ich das erkannt habe.

Rahim: Drei Methoden sind jetzt aufgetaucht. Die eine war Lob und Tadel oder Belohnung und Bestrafung, das klassische Pawlowsche Prinzip, wenn man so möchte. Die andere war der Versuch, Unterbewusstes anzusprechen oder Unterbewusstes zu aktivieren. Man hat versucht, diese Methode zu perfektionieren, zum Beispiel im neurolinguistischen Programmieren. Manche sagen, es sind manipulative Methoden. Aber man kann sie auch positiv verstehen. Man vermeidet etwa negative Aussagen, wenn man jemanden positiv stimmen will. Man versucht, die Dinge positiv zu formulieren. All das sind Erziehungsmethoden, die das Unterbewusste ansprechen.

Eugen: So etwas hat viel mit Magie zu tun.

Rahim: Die dritte Methode, das ist die Wohnwagen-Methode, wenn man so möchte. Ändere dein Umfeld, um deine Verhaltensweisen zu ändern.

Roland: Wenn du eine Sprache lernen willst, so ist die beste Möglichkeit die, dort hinzufahren, wo diese Sprache gesprochen wird. Dort lernst du sie in kürzester Zeit. Das heißt, die Erziehungsmethode ist der Ortswechsel. Du setzt dich dem Zwang aus. Das gilt für alle Bereiche des Lernens. Wenn ich Wellenreiten lernen will am Neusiedler See, so wird das nur begrenzt möglich sein. Wenn ich allerdings nach Hawaii fahre, dann lerne ich Wellenreiten, weil dort Wellen sind.

Rahim: Eine vierte Methode fällt mir jetzt noch ein, die für die Selbsterziehung von Bedeutung ist: die Gewöhnung an Verhaltensweisen. Das ist ursprünglich Fremderziehung. Also wenn du ein Kind erziehst, indem du es an gute und sinnvolle Verhaltensweisen gewöhnst. Diese Sachen passieren dann ohne viel Nachdenken.

Roland: Man kann ein kleines Ritual daraus machen.

Rahim: Genau. Das ist Erziehung durch Gewöhnung. Durch Wiederholen können gewisse Verhaltensweisen in den unterbewussten, intuitiven Teil übergehen.

Eugen: Das ist das, was man stets Disziplin genannt hat. Dass man sich eine Disziplin auferlegt oder sich einer Disziplin beugt.

# Aus meinem Vortrag (7)

*von Roland Düringer*

Was ist Intelligenz? Ist Intelligenz das Gegenteil von Blödheit? Ist ein Intelligenter das Gegenteil von einem Volltrottel? Oder besteht die Möglichkeit, dass auch ein Trottel im Grunde intelligent ist, weil Intelligenz nur die Abwesenheit von Blödheit ist, Blödheit aber nicht die Abwesenheit von Intelligenz, sondern die Tatsache ist, dass man seine Intelligenz nicht benützt? Das sollte uns Hoffnung machen, stimmt's?

Im Grunde wären wir ja alle sehr intelligent. Wir kommen als eine Horde von intelligenten Zellen auf die Welt und haben ein furchtbar intelligentes Gehirn, in das uns aber sehr früh und kräftig von den anderen schon hineingeschissen wird. Daher sagt man ja auch: „Dir hams a fest ins Hirn gschissn." Wobei die Betonung hier oft auf „a fest einegschissen" liegt, weil man ja weiß, dass einem selbst ebenso kräftig ins Gehirn geschissen wurde.

Intelligenz ist nicht gewünscht. Sie ist rebellisch, stellt Fragen, möchte ihr Leben selbst in die Hand nehmen. In unserer Welt tut man sich mit Intelligenz oft nichts Gutes. Darum sind die ersten Intelligenzvernichter oftmals unsere Erziehungsberechtigten, die es ja immer gut mit uns meinen, denn: „Man soll es im Leben ja einmal zu

was bringen.“ Zu was eigentlich? Zu mehr halt, zumindest mehr, als die Eltern hatten, mehr Schulden, mehr Stress, mehr Streit, mehr seelisches Leid und mehr chronische Krankheit.

# Über die Tugend der Achtsamkeit

Roland: Ich glaube, dass bei den richtigen Erziehungszielen immer auch die Achtsamkeit dabei ist und dabei sein muss. Wenn man einen Behinderten im Rollstuhl sieht, soll man weder demonstrativ wegschauen noch ihn deppert anstarren, sondern ganz normal bleiben. Aber ohne Achtsamkeit geht das nicht. Wenn ich ihn nicht einmal, während ich ihn sehe, bewusst wahrnehme, sondern einfach überrascht bin und ihn deshalb anstarre, dann liegt der Fehler nicht darin, dass ich nicht weiß, wie ich mich zu verhalten habe, sondern darin, dass ich nicht achtsam war.

Ich glaube, viele Autounfälle passieren nicht deswegen, weil Menschen zu schnell fahren oder sich nicht an Regeln halten, sondern weil sie einfach nicht achtsam sind, weil sie unaufmerksam sind. Unlängst habe ich im Radio jemanden gehört, der zum Thema „Handyverbot im Auto" etwas sehr Gescheites gesagt hat. Das denke ich mir auch immer: Das Problem ist ja nicht, dass die Menschen das Handy in der Hand haben. Auch wenn sie mit einer Freisprecheinrichtung telefonieren, können sie niemals bei der

Sache sein. Ob ich jetzt frei spreche oder das Telefon in der Hand halte, ist vollkommen egal. Wenn ich mit meiner Mutter telefoniere, kann ich mich nicht zugleich auf den Verkehr konzentrieren. Das geht nicht.

Eugen: Weißt du, was lustig ist? Das passt genau dazu. Von Sokrates, dem großen Weisen, wird berichtet, dass er überallhin zu spät gekommen sein soll. Und zwar immer um beachtliche ein, zwei Stunden. Das war deswegen so, weil er stets mit Freunden unterwegs war, mit denen er philosophiert hat. Wenn ihm etwas eingefallen ist, das wirklich wichtig war, ist er stehen geblieben. Er konnte nicht gleichzeitig weitergehen und einen philosophischen Gedanken artikulieren. Wenn es wichtig war, musste er stehen bleiben und alle anderen, die mit ihm philosophieren wollten, mussten es ebenso. Heute gilt es eher als eine Tugend, wenn man multitaskingfähig ist.

Roland: Genau. Ich wollte es in dem Moment sagen. Heute ist man ein Held, wenn man alles zugleich kann: laufen, telefonieren und Musik hören zugleich; Auto fahren, Radio hören, telefonieren und essen zugleich. Aber das ist Selbstbetrug. Denn es ist in Wirklichkeit nicht möglich, dass du es gleichzeitig machst. Das heißt, du kannst nur schneller zwischen diesen Tätigkeiten switchen. Aber gleichzeitig kann nicht gehen. Ich kann nicht zugleich Auto fahren, den Lkw vor mir beobachten, der langsamer wird, und den Geschmack der Leberkässemmel im Mund wirklich bewusst wahrnehmen – gleichzeitig. Ich kann eine Sekunde das, eine Sekunde das. Zugleich kannst du es nicht.

Eugen: Es ist eine uralte Tugend, das, was du gerade machst, bewusst und achtsam zu tun. Einerseits aus Achtung vor deinen Mitmenschen, andererseits, um die Gegenwart voll in dich aufzusaugen, um eigentlich erst im Leben, bei dir selbst und bei den Dingen zu sein.

## Wenn jemand um Erziehung bittet

Roland: Ein Thema bei der Erziehung ist ja immer auch, dass sich jener, der erzieht, über denjenigen stellt, der erzogen wird oder erzogen werden soll. Das ist oft nicht böse gemeint. Aber er stellt sich automatisch über jenen, den es zu erziehen gilt. Hat der Erziehende überhaupt die Möglichkeit, dass er es anders macht? Dass der andere nicht das Gefühl bekommt, der stellt sich jetzt über mich oder ist über mir.

Rahim: Das ginge nur dann, wenn sich dein Gegenüber selbst erziehen möchte und dich bittet, ob du ihm dabei helfen willst. Wenn du das Einverständnis des zu Erziehenden hast. Wenn der etwa sagt: „Ich habe da eine schlechte Angewohnheit. Wie werde ich sie wieder los?" Und du sagst: „Ich kann dir erzählen, wie ich es gemacht habe. Da gibt es eine Übung." Dann bin ich der Erzieher, weil ich weiß, wie man es macht und auch die notwendige Energie dafür aufbringe, dass es in der Folge passiert und es auch kontrolliere.

Roland: Aber dann bist du ja der Lehrer, nicht der Erzieher.

Rahim: Nein. Ich bin der Erzieher. Lehrer bin ich, wenn ich dem anderen einfach bloß sage: „Du, das funktioniert so und so. Mach das so." Aber es kann ja sein, dass ein zu Erziehender sich von mir wünscht, dass ich ihn kontrolliere und sagt: „Du, das ist schwierig. Ich bin relativ schwach. Ich weiß, das wird mir nicht so leicht gelingen, mich da einzuschränken. Bitte hilf mir dabei." Aber das ist ein ganz seltener Fall.

Roland: Das heißt, das funktioniert nur, wenn der zu Erziehende sagt: „Ich bitte dich darum, dass du jetzt auf diese Sache achtest. Jedes Mal, wenn ich anfange Nägel zu beißen, sagst du mir, dass ich nicht Nägel beißen soll oder haust mir eine auf die Finger."

Rahim: Genau.

Roland: Gut. Also wenn der Wunsch geäußert wird, ist es etwas anderes. Das Problem ist aber, dass man meist erzogen wird, ohne dass man sich das je gewünscht hätte. Viele Beziehungen scheitern daran, dass irgendwann einmal die Erziehung in die Beziehung kommt, dass der eine dem anderen einfach sagt, wie er sich zu verhalten hat. Es sind nur so Kleinigkeiten. Und je nachdem, was man selbst für eine Erziehung genossen oder eben nicht genossen hat, springt man auf diese Kleinigkeiten an. Also wenn man als Kind immer gehört hat: „Stell die Schuhe gescheit hin", oder: „Hausschuhe anziehen, das habe ich dir schon hundert Mal gesagt", und wenn dann irgendwann einmal, 30 Jahre später von deiner Geliebten kommt: „Geh, wie die Schuhe dastehen", da geht, glaube ich, bei dir automatisch – Gong – ein Schalter auf und du sagst: „Moment, das kann es aber jetzt nicht sein." Also die Gefahr ist groß, dass in einer Beziehung irgendwann einer damit anfängt, dich erziehen zu wollen. Die Strategie, die man dagegen hat, ist meist: „Wenn du mich erziehst, werde ich dich ab jetzt ebenso erziehen." Und dann geht's los. Dann brechen da die Sachen, die mit uns in der Kindheit passiert sind, alle auf.

Eugen: Das ist wirklich oft ein Fehler in Beziehungen oder in Freundschaften, dass begonnen wird, gewisse Verhaltensweisen, Eigenheiten oder Charaktereigenschaften erst einmal zu kritisieren und dann gewissermaßen zu therapieren. Wobei die

Liebe und die Freundschaft ja darin bestehen, dass man diese Charaktereigenschaften entweder schätzt oder sie einfach toleriert. Aber sich einzubilden, man kann den anderen wirklich verändern und zu etwas anderem machen, da irrt man sich gewaltig. Das wünschen sich viele Leute.

Roland: Aber das funktioniert nicht.

Eugen: Und das sehen die meisten Leute überhaupt nicht ein.

Rahim: Dieses übertriebene Erziehen ist oft ein Symptom. Gar nicht der wahre Grund des Konflikts, sondern bloß ein Auslöser, ein Vorwand, um zu streiten. Das sieht man daran, dass oft gerade bei solchen Dingen, die vollkommen egal sind, gemaßregelt wird.

## Soll Autofahren verboten werden?

Roland: Wenn du mit deinem Kind überallhin mit dem Auto fährst und der Papa immer froh ist, wenn er einen Parkplatz findet, und immer schimpft, wenn er keinen findet, dann hast du dein Kind dazu erzogen, einen Parkplatz für etwas sehr Wertvolles zu halten. Das habe ich als Kind ebenso mitbekommen, wenn mein Vater gesagt hat: „Geh, Scheiß. Kein Parkplatz.", „Dort fahr' ich gar nicht hin, weil dort kriegen wir ja keinen Parkplatz." Mein Vater hat im Burgtheater gearbeitet und hat immer um acht oder neun in der Früh angefangen. Dann waren dort keine Parkplätze mehr. Er ist dann gescheiterweise mit der Straßenbahn gefahren. Aber viele Kollegen sind schon um sechs in der Früh zum Burgtheater gefahren. Haben dort im Auto dann gefrühstückt und Zeitung gelesen, nur damit sie einen Parkplatz haben, weil dieser Parkplatz so eine Wichtigkeit für sie gehabt hat. Wenn du das als Kind mitkriegst, so hat der Parkplatz und alles, was mit dem Parkplatz zusammenhängt, vor allem das Auto, mehr Wert als ein Stück Wiese.

Rahim: Es ist natürlich ebenso eine Erziehungsmaßnahme, zu versuchen, erwachsene Menschen dazu zu bringen, nicht mit dem Auto, sondern mit den öffentlichen Verkehrsmitteln zu fahren. Das hat etwas äußerst Problematisches.

Roland: Ist es überhaupt richtig, Menschen zu erziehen, nur mehr mit den Öffis zu fahren? Ist es rechtens, dass man erwachsenen Menschen, die selbst bestimmen können, ob sie mit dem Auto fahren oder nicht, sagt: „Passt auf, Freunde, ihr fahrt jetzt nicht mehr mit dem Auto“?

Rahim: Es ist nicht rechtens, jemandem das zu verbieten.

Roland: Auch wenn die Lebensqualität in der Stadt sich unglaublich steigern würde, wenn da unten in der Gasse plötzlich keine Autos mehr sind, sondern Bänke im Sommer heraußen stehen und da Kinder gehen könnten?

Rahim: Wunderbar. Das kann ich mir gut vorstellen und ich würde es mir ebenso wünschen. Doch das Autofahren ist das Symptom eines gewissen Lebensstils, der vorgezogen wird und der auch seine Ursache darin findet, dass die Stadt heute nicht mehr so funktioniert, wie sie gedacht war. Ursprüngliche Städte waren meist Anlagen, in denen Menschen auf dichtem Raum zusammenkommen konnten und wo die Verantwortung für gemeinsame Bereiche relativ klar abgegrenzt war. Das findest du heute nur noch bei geschlossenen Wohnsiedlungen. Dort ist es kein Problem, zu sagen: „Diese Siedlung ist autofrei. Die Parkplätze sind alle außen, aber innen ist es autofrei." Keiner der Anwohner sieht das als eine Beeinträchtigung seiner persönlichen Freiheit. Es gibt keine Konflikte, weil es eine bewusste Entscheidung war, dort hinzuziehen.

Etwas anderes ist es, wenn du in einer Lebensrealität bist, in der der Ort, an dem du wohnst, nur zufällig bedingt ist. Du hast keine nähere Beziehung zu ihm. Du hast auch relativ wenig Einfluss darauf, wie dieser Bereich aussieht, in dem du wohnst. Der ist nicht abgrenzbar. Dein Arbeitsplatz liegt zufällig irgendwo anders. Es kann sein, dass du im Südwesten von Wien wohnst und dein Arbeitsplatz ist im Nordosten von Wien. So etwas kommt vor. Das Kind muss in die Schule. Die ist wieder im Nordwesten von Wien. Und rein aus dieser Familienlogistik heraus fällt es mir ein bisschen schwer, da die Nase zu rümpfen. Denn ich habe noch keine Kinder und keine Familie. Diesen Logistikaufwand kenne ich nicht. Aber ich vermute, er ist enorm hoch. Deswegen würde ich jetzt aufpassen, jemandem Vorhaltungen zu machen.

Roland: Ja, ist klar. Das verstehe ich.

Rahim: Ich kann leicht reden. Ich fahre mit dem Rad oder gehe zu Fuß. Mein Logistikaufwand ist entsprechend gering. Meine Lebensgefährtin fährt ebenso gerne mit dem Rad und geht gerne zu Fuß. Da ist kein großer Logistikaufwand. Der kann sich aber ändern. In diesem Sinne kann ich nachvollziehen, warum Menschen Autos haben, sogar in einer Großstadt und gerade in einer Großstadt.

## Über die Tugend des Maßhaltens

Roland: Da ist noch etwas Elementares, das ich einem Kind neben der Achtsamkeit mitgeben muss auf seinem Weg. Dass ich sage: „Überlege bei allem, was du haben willst, und bei allem, was du tust, was es dich an Energie kostet." Das heißt, du musst dich immer fragen: Was für einen Aufwand habe ich? Wenn das Kind sagt: „Ich möchte Radrennfahrer werden. Das ist mein größter Traum, einmal bei der Tour de France mitzufahren." Dann sage ich: „Ja, nur denk drüber nach, was kostet dich das? Wie viele Stunden musst du auf dem Rad sitzen? Nicht nur bei schönem Wetter, auch im Februar. Wie viele unerlaubte Substanzen musst du zu dir nehmen, damit das überhaupt möglich wird, bei der Tour de France mitzufahren? Wie schadest du damit deinem Körper? Rechne das jetzt alles für dich aus. Und dann überlege dir, wie viel Aufwand du hast, wenn du ganz einfach nur so aus Spaß Rad fährst, ohne jetzt Rennfahrer werden zu wollen. Wie viel Aufwand hast du dann?"

Eugen: Das ist ein altes Prinzip der materialistischen Philosophie: die Tugend des Maßhaltens mit den eigenen Kräften und Ressourcen. Das findest du in den Schriften Epikurs: Wenn du wirklich Interesse an gewissen Dingen und Tätigkeiten hast, dann wäge sorgsam ab, wie viel du dafür geben und leisten musst, damit du auch bekommst, was du willst, denn sonst ist es um deine Lust- und Unlustbilanz womöglich schlecht bestellt. Du kommst nicht auf das, was du willst. Die Rechnung geht nicht auf und du machst keinen Schritt. Du sitzt bloß frustriert da, hast zwar vielleicht das, was du haben wolltest, aber gleichzeitig auch den Eindruck: Du hast zu viel dafür gemacht. Das hat sich nicht gelohnt. Über solche Dinge kann man freilich vorher nachdenken. Aber man muss sie auch erst durch Versuch und Irrtum lernen. Man kann es in vielen Fällen einfach vorher nicht wissen. In manchen Fällen kann man es vielleicht erahnen.

Roland: Wenn dein Kind sagt: „Ich möchte Klaviervirtuose werden", musst du ihm sagen: „Dann spielst du ab jetzt Klavier, wenn die anderen Ball spielen. Dann hast du eine Chance. Es ist noch nicht sicher, dass du Virtuose wirst, aber du hast die Chance."

Eugen: Der Punkt ist hier, dass du einfach nicht wissen kannst, was die Zukunft bringt. Wenn du es *nicht* machst, wirst du nie wissen, was du versäumst und ob du es kannst. Wenn du es machst, kann es sein, dass du zwar irgendwann einmal unglaublich gut Klavier spielen kannst, aber ein unglücklicher Mensch wirst, weil du jeden Tag zwölf Stunden geübt hast und das alltägliche Leben an dir vorbeigezogen ist. So kannst du das Leben als berühmter Virtuose auch nicht genießen. All das weiß man vorher nicht. Deshalb muss man sich, glaube ich, von seinen Instinkten leiten lassen. Und: Es muss auch schon das stundenlange Üben, würde ich sagen, eine feine Sache sein. Wenn das Üben zu dieser Sache hin nicht schon fein ist, dann kann die Sache selbst auch gar nicht so fein sein.

Roland: Ich glaube, das Problem, das wir jetzt haben, sind nicht jene Leute, die sich diese dicken, fetten Autos wirklich leisten können, weil das sind nur sehr wenige. Das Problem sind jene, die sie sich nicht leisten können, die vielleicht 70 Stunden in der Woche dafür arbeiten müssen und dabei ihre Familie und ihre Gesundheit vernachlässigen. Ich habe eine Zeit lang solche Autos daheim stehen gehabt, weil ich so viel Geld verdient habe, dass ich nicht mehr gewusst habe, wohin mit dem Geld. Da ist sehr viel Geld in meiner Garage gestanden, einfach so. Nur, das war für mich kein Aufwand, daher habe ich sie mir gekauft. Ich hätte mir diese Autos niemals gekauft, wenn ich, sagen wir einmal, dafür sieben Mal in der Woche hätte auftreten und spielen müssen. Da wäre ich nie auf die Idee gekommen. Wichtig ist, den Kindern mitzugeben, dass man in der Regel jede Menge Überstunden machen muss, um sich gewisse Dinge leisten zu können.

Eugen: Das ist ja heute die große Verführung: Du siehst unglaublich viele schöne Sachen. Wir leben in einer Konsumwelt, in der es so viele schöne Sachen gibt, so viel schönes Spielzeug. Wenn man ein verspielter Mensch ist und das nötige Kleingeld hat, kann man sich Spielzeug ohne Ende kaufen.

Roland: Aber selbst für das Spielzeug muss Zeit da sein. Es macht ja keinen Sinn, dieses Spielzeug nicht zu benutzen. Das war bei meinen Autos so. Ich habe sie mir leicht verdient. Aber dann bin ich draufgekommen: Ich komme gar nicht dazu, dass ich sie fahre. Ich habe mich dann manchmal zwingen müssen, dass ich mit dem Spielzeug etwas tue. Also das kann es ja nicht sein. Wir haben das Problem, dass wir, obwohl wir alle sagen, wir haben zu wenig Zeit, noch immer viel zu viel Zeit für sinnlose Dinge haben. Früher, noch bevor wir die Kohle und das Erdöl als Energiequellen für uns entdeckt haben, waren wir vor allem damit beschäftigt, uns selbst und die Familie zu versorgen. Das heißt, wir haben uns um unsere Nahrung, um das Wasser, um das Heizmaterial gekümmert und dann vielleicht auch noch um ein paar Dinge, die Spaß machen, sei es, soziale Kontakte zu pflegen, sei es, mit anderen Hausmusik zu machen. Jedenfalls hat uns das Leben so aufgefüllt, dass du gar nicht auf die Idee gekommen bist: „Was für ein Spielzeug kaufe ich mir? Mache ich einen Abenteuerurlaub oder mache ich einen Städteurlaub? Mache ich am Wochenende ein Yogaseminar oder doch lieber einen italienischen Kochkurs?" Da war gar kein Platz für so etwas, weil dich das Leben selbst erzogen hat.

Eugen: Wie billig ist doch der Kauf eines wirklich guten und demnach teuren Musikinstruments, wenn du dein Leben lang darauf spielst. Das kostet dich am Tag, auf die Lebenszeit berechnet, vielleicht ein paar Cent. Es gibt kaum etwas Billigeres, das du kaufen kannst und das dann imstande ist, dein ganzes Leben mit Freude zu erfüllen.

Roland: Wenn du wirklich auf diesem Instrument spielst.

Rahim: Ich sehe das auch bei mir und es geht wohl den meisten so: Dass du sehr vieles ausprobierst heute, wo du dir nicht sicher bist, ist es das jetzt oder nicht.

Roland: Ich habe so viel gemacht. Was ich alles ausprobiert habe in meinem Leben. Was war das für ein Zeitaufwand, für ein finanzieller Aufwand, ein Wahnsinn. Ich müsste mal eine Liste zusammenschreiben, was ich schon alles in meinem Leben ausprobiert habe. Allein, was ich alles an Musikinstrumenten schon daheim liegen gehabt habe: Schlagzeug, Gitarre, Bass, Klavier. Beim Sport war es genauso: Karate, Bogenschießen, Jet-Skifahren, Kartrennen fahren. Alles irgendwie ausprobieren. Das macht kurz Spaß und dann ist es wieder vorbei. Was ich da Sinnvolles hätte machen können. Was ich für einen Garten jetzt hätte, wie viel Leben ich hätte schaffen können, wenn ich diese Zeit dort investiert hätte. Das ist unbeschreiblich. Das ist unglaublich. Das ist die große Falle, in die wir, denke ich, jetzt alle reintappen, weil es machbar ist. Ich glaube schon, dass es mit der Energie, die wir momentan zur Verfügung haben, zusammenhängt, denn sonst hätten wir diese Möglichkeiten nicht.

Rahim: Wir haben eine gewaltige Wohlstandsillusion.

Roland: Ich glaube, die Erziehungsmaßnahme, die uns allen helfen würde, bestünde darin, dass der Zauber, diese Illusion bald wieder vorbei wäre.

Rahim: Es stellt ein grundsätzliches Paradoxon dar, dass eines der schlechtesten Umfelder für Erziehung hoher Wohlstand ist. Fast jede reiche Familie hat das Problem. Deswegen schränken diese Leute bewusst ihre Kinder ein. Sehr reiche Eltern versuchen, relativ geringes Taschengeld zu geben und wenig Geschenke und Ähnliches, weil Wohlstand verzieht, eben weil es dann so viele einfache Möglichkeiten gibt. Das ist ein Grundproblem in der wohlhabenden Gesellschaft. Aber da brauchst du dir keine großen Vorwürfe zu machen. Da es diese Möglichkeiten gibt, neigen wir alle dazu. Außer es gelingt uns, durch eigenen Selbsterziehungsaufwand mit dieser Bequemlichkeit zu brechen, weil wir den Preis dieser Bequemlichkeit internalisieren im Handeln und für uns intuitiv spürbar machen, sodass er plötzlich erkennbar wird.

## Pikante Fragen an der Tankstelle

*von Roland Düringer*

Oft versucht man als Elternteil – in meinem Fall als Vater, denn zur Mutter hat es bei mir ja nicht gereicht – alles Unangenehme, Böse oder Grausliche vom Kind fernzuhalten. Dadurch kreiert man für das Kind eine eigene Realität, oft eine Illusion, die dann, wenn eines Tages das Kind mit der „Welt, wie sie ist" konfrontiert wird, wie eine Blase mit einem lauten Knall zerplatzt. Das halte ich für eine nur in Maßen sinnvolle Strategie. Besonders den Tod und die Sexualität verleugnen wir nur allzu oft vor unseren Kindern. Sie sind Bestandteile unseres Lebenszyklus, wie die Geburt oder die Nahrungsaufnahme, werden von unserer Gesellschaft aber dämonisiert. Die Toten werden so schnell wie möglich weggesperrt und die sexuelle Begierde wird öfters im Internet als im Schlafzimmer ausgelebt. Ich meine damit nicht, dass man sich mit seinen Kindern „Texas Chainsaw Massacre" ansehen sollte, um dann gemeinsam Fragen zu Tod und Sterben beantworten zu können, oder sie gar dem elterlichen Sex beiwohnen lassen sollte. Trotzdem aber gilt es, unangenehme oder peinliche Fragen so ehrlich wie möglich zu beantworten. Um diese Fragen kommen wir ohnehin nicht herum.

So hat es sich neulich zugetragen, dass ich mit meiner Tochter Ilvy nach Wien unterwegs war und mein Auto nach einer frischen Gasfüllung quietschte. Moderne Autos machen das. Die quietschen, zirpen, piepsen oder grunzen, wenn ihnen irgendetwas nicht passt oder ausgeht. Dem Ruf des Wagens folgend, steuerte ich die Erdgastankstelle in Wien-Auhof an. Diese liegt am Beginn, oder in unserem Fall aus Westen kommend, am Ende der A1, unmittelbar neben einem nicht sehr einladenden Motel. Nachdem man die Huren im Laufe der Jahre nach und nach aus der Stadt gedrängt hat, ist nun dieses Areal zum Marktplatz fürs leichte Gewerbe geworden. Das Angebot ist optisch qualitativ bescheiden, von der Quantität aber durchaus beachtlich und entspricht damit durchaus dem Zeitgeist. Bereits an der Zufahrt zur Tankstelle winken einem die leichtbekleideten Damen, gut ein Dutzend an der Zahl, auffordernd zu und präsentieren die sogenannte Auslegware. Die neugierigen Augen meiner elfjährigen Tochter verkündeten mir vorab die folgende Frage und ich überlegte mir in Sekundenschnelle mehrere kluge, pädagogisch einwandfreie Antworten.

„Papa, was machen die, was tun die da?"

„Wer denn?"

Blöder geht's wohl nicht mehr: Wer denn? Als wäre ein Dutzend Huren zwischen den Zapfsäulen zu übersehen. Wahrscheinlich versuchte ich mit dieser Gegenfrage nur Zeit zu gewinnen, um mir die pädagogisch wertvollste Antwort aus den schwitzenden Fingern zu saugen. So etwas wie: „Die machen da eine Modenschau", oder: „Die Tankstelle feiert heute ihr zehnjähriges Jubiläum und deswegen kontrollieren diese Studentinnen gratis den Reifendruck", oder: „Das ist eine rumänische Trachtengruppe auf dem Weg nach Hause", oder …

„Du Papa, sind das Protestuierte?"

„Was die, die Mädchen da? Nein, das sind keine Dings, also keine Prostituierten, so heißt das nämlich, Prostituierte, nicht Protestuierte. Klar?"

„Na, was jetzt?"

„Was was jetzt?"

„Sind das welche oder nicht?"

„Nein Ilvy, das sind, äh … äh … Huren sind das." Pädagogisch wertvoller geht's ja wohl nicht.

„Ist das nicht dasselbe wie Protestinierte?"

„Prostituierte heißt das. Ja, und das ist ein anderes Wort für Hure."

„Und, was machen die da?"

„Die warten auf Kundschaft."

„Aso! Was verkaufen die da?"

„Liebe. Also nein, nicht Liebe, sondern Sex. Das heißt, sie lassen sich dafür bezahlen, dass sie Sex mit fremden Männern haben."

„Das ist ja eigentlich kein schlechter Beruf, find' ich."

„Na ja."

„Die strengen sich wenigstens nicht an."

„Glaubst du, das macht Spaß, hier herumzustehen und zu frieren? Im Sommer vielleicht, aber jetzt im November? Würdest du da herumstehen wollen und frieren?"

„Da müssten sie sich halt etwas anderes anziehen."

„Was, eine Skihose und Moonboots?"

„Ja."

„Dann würden die aber kein Geschäft machen."

„Wieso? Zum Sex müssen sie sich ja sowieso ausziehen."

„Ja, schon, also nicht immer ... Egal. Diese Verkleidung dient dazu, Männer anzulocken und täuscht, wenn du genau hinsiehst, falsche Tatsachen vor."

„Das versteh' ich nicht. Welche Tatsachen?"

„Schau doch einmal genau. Sind die wirklich hübsch? Wie würden die ohne Schminke, kurzen Rock und Lackstiefel aussehen? Stell sie dir einmal im Jogginganzug ungeschminkt vor."

„Stimmt."

„Siehst du. Und jetzt tanken wir, ja?"

„Gleich. Aber im Sommer ist das sicher ein toller Beruf."

Jetzt muss ich ihr wohl erklären, dass das kein schöner Beruf ist, weil du kannst es dir nicht aussuchen, wer der

Kunde ist. Es gibt halt sehr grausliche Leute auch, die sich nicht waschen, die stinken, die angesoffen sind, was auch immer, die manchmal brutal sind, mitunter Böses wollen. Dann ist das eigentlich nicht mehr so schön.

„Der Beruf", habe ich gesagt, „ist dann schön, wenn du jetzt zum Beispiel das sowieso gerne machst, weil du eben gerne Sex mit verschiedenen Männern hast. Wenn zum Beispiel deine Kunden reichere, anständige Männer sind …"

Reich und anständig? Wieder pädagogisch wertvoll, was?

„… also sagen wir so, wenn du nicht mehr auf der Straße stehen musst, sondern einfach nur mehr in den besten Hotels bist oder zu denen nach Hause kommst und gutes Geld erhältst dafür, für etwas, was dir ja Spaß macht. Das nennt man dann Edelprostituierte. Dann kann das vielleicht für dich auch einen Sinn machen. Aber hier zu stehen ist nichts Schönes. Schon von den Umständen her, von den äußeren. Möchtest du bei einer Tankstelle herumstehen?"

„Nein."

„Früher war das noch lustiger. Da waren die Huren im Prater. Da war wenigstens was zum Schauen, da waren Ringelspiele. Aber da bei einer Tankstelle. Langweilig, oder?"

„Ja, schon. Aber ich kenne Frauen, die ziehen sich auch so an. Machen die dann auch so etwas?"

„Nein. Die ziehen sich nur so an, bekommen dafür aber kein Geld."

„Das ist ja dann noch blöder."

„Da hast du recht. Das ist es. Und jetzt tanken wir aber."

Was für eine Konversation. Ilvy denkt nun nach. Es ist für sie sehr von Interesse, was da eigentlich passiert. Und warum es so etwas gibt und was die da tun. Da sitzt sie im Auto und schaut und schaut. Eines der Mädchen winkt ihr sogar und sie winkt zurück. Gut, dass die Dame nicht mir gewunken hat, denn ich hätte ihren Gruß sicher missverstanden und nicht erwidert. Dafür sollte ich mich fast ein bisschen schämen. Kinder sind halt manchmal doch die besseren Erzieher.

## PlayStation ja oder nein?

Roland: Du hast gemeint, wenn dein Kind Fußball spielen will, anstatt Bücher zu lesen, würdest du sagen: kein Problem. Aber dann sage ich, was ist, wenn dein Kind PlayStation spielen will? Was machst du dann?

Rahim: Zunächst einmal es nicht zu dramatisieren, wenn es PlayStation spielen will. Vielmehr ist die Frage: Gibt es diese PlayStation in diesem Haushalt? Das ist die wichtigere Frage, ob die überhaupt da ist. Der schlimmste Fall wäre, dass du selber immer wieder in diese Spiele reinkippst und dann der Tochter erklärst, PlayStation gibt es für dich nicht. Das funktioniert so nicht.

Roland: Keine PlayStation zu Hause ist mal eine gute Strategie auf jeden Fall. Das heißt, das äußere Umfeld so verändern, dass man gar nicht auf die Idee kommt. Jetzt kommt dein Kind, weil es ein liebes Kind ist, auf die Idee, dass man an das Christkind einen Brief schreiben kann. Und da geht dem Papa das Herz auf, wenn das erste Mal das Kind selber schreiben kann: „Liebes Christkind! Ich habe dich sehr lieb und mein größter Wunsch ist PlayStation 3 und Super Mario." Dann legt das Kind diesen Brief jetzt ins Fenster. Du nimmst den Brief an dich, weil du ihm ja geholfen hast zu schreiben, und streust etwas Goldstaub, Feenstaub, dass das Kind sieht, das Christkind hat ihn geholt. Und was machst du jetzt? Kommt jetzt die PlayStation ins Haus oder kommt sie nicht ins Haus?

Rahim: Da bin ich schon in einer schwierigen Situation drinnen, die ich hätte vermeiden müssen, indem ich aus dem Weihnachtsgeschenkwahn vorher ausbreche. Wenn Weihnachten der Moment ist, wo man sich jede Begierde durch Geld zukaufen kann, anstatt dass Geschenke etwas Persönliches sind, wenn überhaupt. Also nichts, das man irgendwo einkauft, schnell im Weihnachtsstress und mit allen anderen Vätern in der

Schlange für die PlayStation 3 steht, weil man sich das dieses Jahr eben zu Weihnachten schenkt. Wenn ich schon in diesem Wahnsinn drinnen bin, muss das ein Alarmsignal sein. Also wenn ich wirklich in dieser Lage bin, muss ich wohl die PlayStation beschaffen ... wenn das bislang jede Weihnachten so war: Der Papa wollte seinen Plasmaschirm und der kriegt zu Weihnachten seinen Plasmaschirm. Dann dem Kind nicht die PlayStation zu schenken, das ist diese klassische Doppelmoral, die fies ist. Da muss ich damit leben und sagen, jetzt ist die PlayStation im Haus. Jetzt schauen wir, was ist das für ein Ding? Sich damit aktiv auseinandersetzen. Die beste Form, so etwas zu nützen, ist sozial. Das heißt, dass wirklich dann Papa und Mama und Kind und Freund oder was immer gelegentlich PlayStation spielen. Und hoffen, dass das Interesse wegfällt.

Roland: Das heißt, du wirst deine Frau dann erziehen, dass sie jetzt auch PlayStation spielt, weil es für das Kind das Beste ist als Erziehung, dass sie jetzt endlich auch mitspielt, dass es etwas Soziales wird, das PlayStation-Spielen.

Rahim: Nein. Sie muss nicht spielen. Wenn sie kein Interesse daran hat, nicht. Aber ich könnte mir das vorstellen. Das ist jetzt keine große Sache. Ich kenne Leute, die haben eine PlayStation zu Hause. Die spielen das aber nur, wenn sie Freunde einladen, weil man da zu dritt, zu viert bestimmte Dinge spielen kann. Das habe ich schon erlebt und es hat Spaß gemacht. Es ist nicht meine bevorzugte Form des Zeitvertreibs, aber es ist zumindest ein Sozialkontext gewesen. Es würde mir auch Freude machen, kann ich mir vorstellen, dann mit dem Kind auf der PlayStation zu spielen. Das ist jetzt keine Riesentragödie. Also wenn ich schon da drinnen bin, in dieser Spirale: Es gibt Anlässe, bei denen man alles kriegt, was man will. Dann bin ich dann schon ziemlich tief in der Scheiße. Aber ich würde es nicht dramatisieren. Mein Gott.

Roland: Also gut, du würdest die PlayStation kaufen und dem Kind sagen: „Wir machen uns dafür jetzt Regeln aus: Wir spielen gemeinsam." Das heißt, da brauchst du eine Erziehungsmaßnahme, um das PlayStation-Spielen zu reglementieren. Also du lässt das Kind nicht seine eigene Erfahrung mit dieser PlayStation machen. Du würdest dann Regeln aufstellen.

Rahim: Das ist ein Angebot.

Roland: Es dürfte dann schon den ganzen Tag auch PlayStation spielen?

Rahim: *(schwitzt bereits ein wenig)* Ja, das hängt jetzt ein bisschen vom Alter ab und ob es wichtige Verpflichtungen gibt. Wenn das Kind in der ihm frei zur Verfügung stehenden Zeit immer nur zur PlayStation greift, ja.

Roland: Obwohl es schlecht fürs Gehirn ist, für die Entwicklung?

Rahim: Da bin ich mir nicht ganz sicher. Also da würde ich wirklich rausfinden, was ist da so interessant daran? Was macht das so interessant? Ich kann es mir schwer vorstellen, dass es wirklich, wenn es da interessantere Dinge und Angebote gibt, nur das ist. Es kann sein, dass es eine Phase ist, in der das stark wird. Da würde ich das nicht dramatisieren. Auch ich hatte da so eine Phase, wo ich viel Computer gespielt habe. Das war relativ kurz bei mir und hat, glaube ich, keinen bleibenden Schaden hinterlassen. Man kann in solche Dinge reinkippen. Dem Kind kann ich etwas Besseres anbieten, aber ich kann es nicht einsperren oder die PlayStation wegsperren. Das funktioniert nicht. Es ist wahrscheinlich der beste Weg, es selbst die Freude daran verlieren zu lassen, wenn es jetzt Monate, sei es ein Jahr, intensiv nur PlayStation spielt. Es wird fad. Außerdem wo kommen die Spiele her? Es müssen neue Spiele her, sonst wird es notwendigerweise fad. Diese PlayStation, wenn die reinkommt, muss schon ein Signal sein: „Du, Kind! Weihnachten verstehen wir jetzt anders."

Roland: Wieso? Das Kind glaubt ans Christkind. Was hast du für einen Einfluss darauf, woran das Kind glaubt? Du überschätzt dich ein bisschen.

Rahim: Es kann ja sein, dass in der Familie Weihnachten gar nicht gefeiert wird.

Roland: Natürlich.

Rahim: Wie ist das dann?

Roland: Dann musst du deinem Kind erklären, warum bei euch nicht Weihnachten gefeiert wird.

Rahim: *(stöhnt bejammernswert)* Ja, genau.

Roland: Jetzt erzähle ich meine Geschichte von der PlayStation, die wir zu Hause haben.

Rahim: Okay. Super.

Roland: Nur ich habe das große Glück, muss ich dazu sagen, dass meine Tochter für alles, was sie macht, nur ganz, ganz kurz Interesse hat, für etwas Feuer und Flamme ist: „Ja, reiten". Dreimal reiten. Danke. „Klavier lernen". Dreimal Klavier spielen. Danke. „Radfahren gehen". Zweimal. Danke. Das ist meine Tochter. So funktioniert sie. Meine Tochter schreibt ans Christkind, seitdem sie das kann, Briefe. Da stehen dann so Sachen wie: „Ich wünsche, dass es allen Menschen gut geht. Dass auch die Armen etwas zu essen haben. Ich selbst brauche nichts, weil ich alles habe." Dazu habe ich nichts beigetragen. Obwohl bei uns so viel Materielles da ist, hat das für sie keinen Wert. Ich habe noch nie von meiner Ilvy gehört: „Papa, ich hätte das gerne. Kauf mir das." Da habe ich noch nie irgendetwas gehört. Deswegen habe ich die PlayStation gekauft für meine Tochter. Also für uns. Ich bin die PlayStation kaufen gegangen, weil ich gewusst habe, es kann nichts passieren. Sie wird das kennenlernen, weil sie es ja von anderen Kindern auch kennt. Habe dann irgend so ein Super-Mario-Spiel oder etwas Ähnliches besorgt. Irgendein Spiel halt, wo sie so Fitnessübungen machen kann. Das haben wir seit einem Jahr daheim stehen. Ich habe das am Anfang mit ihr probiert und vielleicht fünfmal im Jahr spielt sie eine Stunde damit und dann lässt sie es.

Rahim: Das ist auch ganz natürlich.

Roland: Ich habe mit der PlayStation kein Problem. Ich weiß, als ich selbst PlayStation gespielt habe, wie ich da reingekippt bin. Da bin ich Nächte gesessen. Rundenrekord. Noch mehr Mandln abpackt. Da kippst du rein. Das geht wie, wo du irgendwann einmal merkst: „Alter!" Dann sagst du, danke, gefährlich, jetzt hören wir auf. Dann ist das für mich abgeschlossen. Aber ich bin einer, der dann relativ lange reinkippt in so etwas.

Rahim: Du hast mich ausgetrickst. Ich habe nämlich den Eindruck gehabt, dass bei deiner Tochter das so gelaufen ist, dass es zu einer aus dem Ruder gelaufenen PlayStation-Spielsucht gekommen wäre.

Roland: Nein. Gott sei Dank, das Problem habe ich nicht. Jetzt haben wir uns zwei schöne Geschichten erzählt. Deine Geschichte, wie du mit der PlayStation umgehen würdest, und dann erzähle ich, wie es bei mir war. Nämlich dass ich eine Play-

Station gekauft habe, weil ich selber ein bisschen geil darauf war, einmal so etwas daheim zu haben.

Rahim: Ich bin sehr erleichtert über diese Auflösung. Ich wäre fast verzweifelt. Ich hatte befürchtet, du hättest die praktische Erfahrung gemacht, dass nichts funktioniert und das Kind unrettbar an die PlayStation verloren ist.

Roland: Ist es nicht. Es kommt darauf an, wie Kinder funktionieren.

Rahim: Ich bin froh, dass das nicht so der Fall ist.

# Schluss

*von Rahim Taghizadegan*

Erziehung ist oft Anmaßung, manchmal aber ehrliche Hilfestellung, die gelingen, aber auch gründlich schiefgehen kann. Je weniger Erwartungen wir in unsere Erziehungsmaßnahmen setzen, desto eher können diese gelingen: als Trost und Rat im rechten Moment, aber auch als Grenze oder gute Gewohnheit, die wir selbst vorleben. Viel mehr noch, als Kinder Erwachsene brauchen, um erzogen zu werden, brauchen Erwachsene Kinder, um sich selbst zu erziehen. Ein Erzieher im besten Sinne ist eine liebende Stütze, die Verantwortung nicht abnimmt, sondern sie zu tragen ermutigt und ermöglicht, und sich selbst möglichst schnell entbehrlich macht – und doch immer da ist. Vielleicht ist es die wichtigste Aufgabe des guten Erziehers, seine Zöglinge vor all den falschen Erziehungsversuchen der Umwelt in Schutz zu nehmen, den Schaden zu reparieren, den eine wahnsinnige Welt in jungen Seelen hinterlassen kann, und sie bei der Selbsterziehung sorgend, aber nicht umsorgend zu begleiten, damit das Selbstvertrauen auch gedeihen kann. Das Wesentlichste ist, in seinem Leben Liebe und Vorbilder zu finden, eigene Erfolgserlebnisse und Erkenntnisse zu gewinnen. Vielleicht wäre es daher am besten, das Wort „Erziehung“ zu vergessen – es ist ohnehin ein misslungenes Wort.

## Die Turnstunde, ein Nachspiel

Roland: Wie spät haben wir es denn? Entschuldige.
Eugen: Viertel sechs.
Roland: Okay. Dann können wir um halb sechs mit den Übungen beginnen.
Rahim: Welche Übungen?
Roland: Unser Krafttraining, die Körperübungen. Ich habe zum Eugen gesagt: Diese Suderei wegen dem Fuß höre ich mir jetzt nicht mehr an. Irgendwann ist einmal Schluss. Wir fangen heute an.

|  |  |
|---|---|
|  | Aber nur mit den Vorübungen und dem Aufwärmen, also Mobilisieren und Balance. Wenn du willst, greifen wir heute an, oder? |
| Rahim: | Eine sehr freundschaftliche Erziehungsmaßnahme. |
| Roland: | Nein. So würde ich das nicht nennen. |
| Eugen: | Ich habe ihn darum gebeten. |
| Rahim: | Eh. |
| Roland: | Irgendwann ist mal Schluss. Weil wegen dem Fuß da lamentieren, das macht irgendwann keinen Sinn mehr. |
| Eugen: | Ich lamentiere deshalb, weil ich auf dem linken Fuß alleine noch nicht stehen kann. Wenn da etwas umknickt, dann tut's echt weh. |
| Roland: | Schmerz ist immer ein Zeichen von Heilung. Und aus jetzt, genug geplaudert … |

# Paläo-Kekse

Beim Philosophieren und Plaudern wurde Kaffee getrunken, zubereitet nach Art der Türken. Ein Kollege vom Institut für Wertewirtschaft, Andreas Kramer, brachte uns eigens für unsere Gespräche selbst gebackene Kekse. Dabei hatte er auch eine gewisse Erziehungsabsicht. Er wollte uns von den Vorzügen einer Ernährungslehre überzeugen, die ihn im Selbstversuch gänzlich überzeugt hatte. Diesen Gedanken, der hinter den Keksen stand, erklärte er uns so:

„Paläo" steht für „paläolithisch" und kommt von Paläolithikum, der Altsteinzeit. Damals war der Mensch primär Jäger und Sammler, das heißt, er ernährte sich von einer kohlenhydratarmen und fettreichen Diät, bestehend aus Fleisch, Eiern, Gemüse, Früchten und Nüssen. Später dann, im neolithischen Zeitalter, wurde der Mensch sesshaft, betrieb Landwirtschaft, Viehzucht, entwickelte komplexere Werkzeuge und Techniken der Nahrungszubereitung und Lebensmittelhaltung. Das führte dazu, dass der Mensch zu einer kohlenhydratreichen Ernährung mit

Nahrungsmitteln wie Getreide und erstmals Milchprodukten wechselte. Dieser Wechsel ist wahrscheinlich der Hauptgrund für sogenannte „Zivilisationskrankheiten", weil der Mensch sich, in der vergleichsweise kurzen neolithischen Zeit, biologisch noch nicht an diese Ernährung anpassen konnte. Deshalb enthalten diese Kekse kein Getreidemehl, keine Milcherzeugnisse und wenig unraffinierten Zucker.

Diese Kekse waren fantastisch gut, im Grunde unvergesslich. Und sie waren ungewöhnlich saftig und nahrhaft. Sie sind es allemal wert, hier schriftlich verewigt zu werden. Mögen sie euch gut gelingen.

Zutaten:

*200 g geriebene Mandeln oder jeweils*
*120 g geriebene Walnüsse und geriebene Haselnüsse*
*100 g geschrotete Leinsamen*
*50 g Kokosraspeln*
*70 g Sonnenblumenkerne*
*70 g Kürbiskerne*
*120 ml Kokosnussöl*
*120 ml Ahornsirup*
*2 Eier*
*160 g Rosinen*
*1 EL Zimt*
*1 TL Vanilleextrakt*
*1 TL Bergkristallsalz*
*1 TL Natron (Speisesoda)*

Anleitung:

1. Ofen auf 160°C vorheizen.
2. In einer großen (Rühr-)Schüssel alle trockenen Zutaten mischen.
3. In einer kleinen (Rühr-)Schüssel Eier, Ahornsirup, Vanilleextrakt und geschmolzenes Kokosnussöl mit einem Handmixer mischen.
4. Feuchte Zutaten den trockenen Zutaten beimischen.
5. Rosinen beimischen.
6. Auf einem mit Backpapier bedeckten Backblech esslöffelgroße Kekse formen.
7. Kekse 15 Minuten lang backen.
8. Kekse abkühlen lassen und servieren.

Macht 30 Kekse.

Umschlag und Ideen:
kratkys.net

**PHILOSOPHIE UND LEIDENSCHAFT**

Ecowin wurde 2003 als unabhängiger Verlag gegründet.

Wir konzentrieren uns auf spannende Autoren, die zu spannenden Themen und Entwicklungen unserer Welt einen Beitrag leisten.

Die Vielfalt der Meinungen sowie der Diskurs unter den Autoren und innerhalb des Verlags sind uns viel wichtiger als das Vertreten nur einer Denkweise.

Wir investieren in langfristige Beziehungen mit unseren Autoren, Herstellern und Buchhändlern.

Bis heute haben wir weder Verlagsförderung beantragt noch erhalten.

Als österreichischer Verlag produzieren wir von Beginn an ausschließlich umweltfreundlich* in Österreich.

*Nichts ist für uns spannender als das nächste neue Buch.*

**HANNES STEINER**
**VERLEGER**

ClimatePartner°
**klimaneutral**

Druck | ID: 10944-1304-1001

* Wir freuen uns, dass die Druckerei Theiss unsere Bücher nach den Richtlinien des österreichischen Umweltzeichens herstellt. Sowohl die Materialien als auch die Produktion entsprechen dem hohen österreichischen Umweltstandard. Mit dem Buch, das Sie in Händen halten, leisten wir einen aktiven Beitrag zum $CO_2$-Ausgleich. Durch Eingabe der ID-Nummer auf www.climatepartner.com können Sie sich über das von uns unterstützte Projekt informieren.